TEATRO ESPONTÂNEO
E PSICODRAMA

Dados Internacionais de Catalogação na Publicação (CIP)
(Câmara Brasileira do Livro, SP, Brasil)

Aguiar, Moysés
    Teatro espontâneo e psicodrama / Moysés Aguiar. – São Paulo : Ágora, 1998.

    ISBN 978-85-7183-651-8

    1. Psicodrama 2. Teatro – Uso terapêutico I. Título.

98-4290
                                                CDD-616.891523
                                                NLM-WM 430

Índice para catálogo sistemático:

1. Teatro espontâneo 2. Teatro : Psicodrama : Medicina 611.891523

EDITORA AFILIADA

Compre em lugar de fotocopiar.
Cada real que você dá por um livro recompensa seus autores
e os convida a produzir mais sobre o tema;
incentiva seus editores a encomendar, traduzir e publicar
outras obras sobre o assunto;
e paga aos livreiros por estocar e levar até você livros
para a sua informação e o se entretenimento.
Cada real que você dá pela fotocópia não autorizada de um livro
financia um crime
e ajuda a matar a produção intelectual de seu país.

TEATRO ESPONTÂNEO
E PSICODRAMA

Moysés Aguiar

ÁGORA

TEATRO ESPONTÂNEO E PSICODRAMA
Copyright © 1998 by Moysés Aguiar

Capa: **BVDA – Brasil Verde**
Diagramação: **Join Editoração Eletônica**

Editora Ágora
Departamento editorial
Rua Itapirucu, 613 – 7º andar
05006-000 – São Paulo – SP
Fone: (11) 3872-3322
Fax: (11) 3872-7476
http://www.editoraagora.com.br
e-mail: agora@editoraagora.com.br

Atendimento ao consumidor
Summus Editorial
Fone: (11) 3865-9890

Vendas por atacado
Fone: (11) 3873-8638
Fax: (11) 3873-7085
e-mail: vendas@summus.com.br

Impresso no Brasil

Para Miriam,
sempre.
Para o Martim,
vida nova em minha vida.

Créditos indispensáveis

Aos meus interlocutores mais assíduos, companheiros de experimentos e de tertúlias teóricas:

Miriam Tassinari

A trupe da Companhia do Teatro Espontâneo, que viveu intensamente até 1996.

Cida Davoli, Cláudia Fernandes, Lúcia Helena Nilson (Shê) e Valéria Barcellos

Luiz Henrique Alves e Márcia Martins de Oliveira, parceiros de grupo de estudos.

Os professores e ex-professores da Companhia do Teatro Espontâneo.

Albor Vives, Angela Reñones, Antonio Ferrara, Cláudio Pawel, Luiz Contro, Marinilza Silva, Paula Freire e Raquel Teixeira Lima (além da Miriam e da Cida)

Os alunos da Companhia do Teatro Espontâneo (Escola de Psicodrama de Campinas), desafios permanentes.

Maria Elena Garavelli

Agenor Vieira de Morais Neto; meu filho Alexandre; os integrantes da trupe de teatro espontâneo "El Pasaje", de Córdoba; o GATE — Grupo Autogestivo de Teatro Espontâneo, de Buenos Aires; e demais colegas que têm participado dos encontros argentino-brasileiros de teatro espontâneo.

O grupo sem nome, que vem se encontrando anualmente para discutir psicodrama:

Ana Maria Knobel, Beatriz Weeks, Camila Salles Gonçalves, Carlos Borba, Carlos Rubini, Devanir Merengué, Flávio Pinto, Julia Motta, Luiz Falivene, Marta Echenique, Nédio Seminotti, Pedro Mascarenhas, Ronaldo Pamplona, Vera Rolim e Wilson Castello de Almeida

Homenagem póstuma

Marcelo Amatte, meu companheiro de grupo com Dalmiro Bustos.

Arnaldo Liberman, que andou por perto mas se foi apressadamente.

SUMÁRIO

Prólogo 11

1. Para começo de conversa 17
2. O campo do teatro espontâneo 33
3. O papel do diretor 55
4. Os atores: o protagonista 69
5. Os atores: os auxiliares e a platéia 81
6. Aquecimento: a caminho da criação 91
7. Dramaturgia: a produção do texto 107
8. Encenação e comunicação cênica 125
9. A construção da teoria 141
10. Círculos de giz 159
11. O marco teórico 183
12. O conceito de co-transferência 201
13. O processamento em psicodrama 209

PRÓLOGO

Há cerca de trinta anos iniciei minha formação psicodramática. De lá para cá, como não poderia deixar de ser, muita coisa aconteceu. Fiz incursões paralelas por outras áreas: a Gestalt, o aconselhamento rogeriano, a terapia corporal, as técnicas de relaxamento, a psicanálise. Nada que não seja comum à maioria dos terapeutas inquietos, que não se satisfazem com a primeira técnica que encontram e que almejam uma prática profissional hábil, consciente, bem fundamentada e, sobretudo, eficiente. Nessa trajetória, um pouco depois da metade do caminho, enveredei pelo teatro espontâneo.

Por um lado, foi uma decisão apaixonante, uma paixão que virou casamento duradouro, daqueles em que em nenhum momento se cogita a hipótese de desfazê-lo, a despeito de todas as dificuldades que o convívio do dia-a-dia costuma antepor.

Foi, por outro lado, uma espécie de casamento fora-da-lei.

Para se protegerem, os pombinhos têm que encontrar um refúgio à margem dos riscos de apedrejamento, marginalização que amplia os riscos mas que se constitui, *in extremis*, o recurso de sobrevivência mais à mão.

Mas é ao mesmo tempo um ato de coragem que acaba merecendo elogios e se torna alvo fácil de inveja: "o/a outro/a se deliciando com o/a amante e eu, aqui, com o meu arrozinho com feijão...".

Vão por aí as contradições e os conflitos do viver social: atração e repulsão, indiferença repulsora e atração neutra, críticas sinceras e fofocas destrutivas, agrados cordiais e hipócritas, beijos de Judas e de Madalenas. Tudo recíproco. Porque se o estar de fora tem incontáveis vantagens — entre elas a inegociável liberdade — isso representa um custo que, por vezes, parece muito alto. Mas os movimentos da história são inexoráveis. Certos rompimentos não são mais do que manifestações pontuais de um processo que transcende os eventuais protagonistas.

Foi assim com minha tese a respeito do substrato anarquista do pensamento de Moreno, que eu reputava das mais importantes e mais polêmicas. De todas as propostas que apresentei nos últimos anos, talvez tenha sido a de menor repercussão — a não ser o estigma pessoal. Entretanto, pouco tempo depois da publicação do *Teatro da anarquia*, recebi, com surpresa e alegria, um livro em alemão, de autoria de Ferdinand Buer, uma alentada análise do pensamento filosófico de Moreno, em que um dos capítulos trata exatamente das correlações que eu havia apontado. Buer não lê português e eu não leio alemão. Conhecemo-nos, pessoalmente, somente alguns anos depois, na casa de um amigo comum, o mesmo que fez a ponte inicial depois de ter flagrado a coincidência.

Por outro lado, há que considerar o *boom* nacional e internacional do teatro espontâneo. Pululam, aqui e ali, as iniciativas de retomada da idéia de um teatro do momento, aliando a improvisação e a interatividade, que seja capaz de tomar o pulso dos movimentos sociais e ao mesmo tempo promover as transformações possíveis, concretizando, por vias até então insuspeitas, o velho sonho dos psicodramatistas de levar o psicodrama para além dos consultórios psicoterápicos e das instituições de saúde mental.

Dedicar-se ao teatro espontâneo, hoje, não é ser tão *outsider* quanto o era há poucos anos. Uma boa hora para fazer a prestação de contas a que me proponho, neste pequeno livro.

Acho importante ressaltar que, desde o início, minha intenção sempre tem sido a de pesquisar o teatro espontâneo em busca de subsídios para o desenvolvimento do psicodrama. Essa motivação dominante nunca se perdeu, embora muitas vezes as diferenças, tanto na prática quanto nas formulações teóricas, chegassem a sugerir uma distância de tal forma crescente que, em algum momento, se chegaria a uma cisão irreversível.

Essa é a perspectiva que ofereço ao leitor: uma aventura na corda bamba, a reinação do equilibrismo, olhar o mundo do alto sabendo que, ao menor descuido, se pode despencar.

Fazer teatro espontâneo é isso mesmo, e não acredito que seja apenas uma questão de circunstâncias históricas. É bem verdade que os profissionais do circo são treinados ao longo de muitos anos, cercam-se de uma série de garantias para não se espatifarem no solo e acabam por fazer suas acrobacias com muita leveza, para encanto da criançada e para espanto dos adultos sisudos e travados.

Por isso mesmo, o teatro espontâneo continua sendo uma paixão.

****

Há cerca de dez anos me considero em débito com os colegas psicodramatistas brasileiros.

Com efeito, em 1988 foi publicado meu primeiro livro, *Teatro da anarquia*, em que procuro oferecer uma visão de conjunto do psicodrama, na forma como eu o vinha compreendendo até então. Dois anos depois saiu *O teatro terapêutico*, uma coletânea de rabiscos sobre temas variados do campo psicodramático, colhidos ao longo de alguns anos.

Ambos tiveram o sentido de um chamamento dos companheiros para repensarem o trabalho que vinham desenvolvendo, incorporando algumas idéias novas e levando a sério alguns importantes questionamentos.

O resultado foi surpreendente e me faz pleno de gratidão. Desde então, algumas de minhas propostas passaram a ser discutidas, tanto em espaços fechados, como as aulas dos cursos de formação de psicodramatistas, quanto em outros âmbitos mais abertos: congressos, academias, publicações.

É claro que não apenas a inegável vaidade foi brindada por essas respostas. O próprio intento de encontrar interlocutores para levar adiante a idéia de aprofundar a prática do psicodrama foi bem-sucedido. E o mais interessante é que esses parceiros vieram de todos os cantos e de todos os campos, nem sempre concordando com as minhas ponderações, o que tornou a discussão ainda mais estimulante e produtiva.

Uma historinha deliciosa: certa feita brindei uma colega sul-americana com um exemplar do *Teatro da anarquia*. Tempos depois provoquei-a para que fizesse algum comentário a respeito dele, ao que ela exclamou: "Ah! aquele livro que fala sobre bagunça, confusão, essas coisas...!" (pano rápido!).

Até mesmo pelo estímulo da acolhida aos primeiros livros, minhas pesquisas não apenas prosseguiram, mas adquiriram novos contornos, cada vez mais comprometidas com o projeto do teatro espontâneo. Esse fato gerou e tem gerado um manancial de equívocos. O teatro espontâneo sempre foi visto, dentro do campo psicodramático brasileiro, como um procedimento menor, paralelo ao psicodrama, este sim de nobre estirpe. Pelo seu caráter lúdico, seria apropriado a situações de puro entretenimento ou, no máximo, para trabalhos públicos em que não se pretendesse levar os problemas tão a sério como no psicodrama público. Assim, toda a ênfase na pesquisa do teatro espontâneo tem sido confundida com um apartar-se do psicodrama e um correspondente investimento numa atividade parapsicodramática.

Não posso negar que volta e meia essa tentação me ocorre — como também a alguns companheiros mais próximos e cúmplices no projeto. Ou seja, as distinções em relação ao psicodrama tradicional acabam sendo tão significativas que a pergunta surge, inevitável: será que a gente continua mesmo fazendo psicodrama?

Essa tentação fica maior quando, em alguns nichos de mercado onde o nosso trabalho poderia penetrar, encontramos posições francamente contrárias ao psicodrama, em função de experiências negativas por eles vividas. Surge, inevitavelmente, a idéia de apresentar o teatro espontâneo como algo que tem identidade própria, que nada tem a ver com o psicodrama, apesar de algumas semelhanças formais.

O mesmo ocorre em relação à formação profissional que oferecemos: formamos psicodramatistas ou diretores de teatro espontâneo?

Essa dicotomização contraria frontalmente minhas convicções mais fundantes: considero que cada indivíduo tem um modo singular de ver o mundo, que não pode ser confundido com o que pensa o seu vizinho, apesar de todo o parentesco de idéias que possa ser detectado. Essa exclusividade, contudo, não o distancia dos demais pensantes, porque na formação do seu pensamento se encontra uma massa de ingredientes extraídos do contexto sociocultural, de tal forma que a singularidade é de fato atravessada pela pluralidade, sem a qual acabaria perdendo sua identidade. Ou seja, o que eu penso, por mais que divirja do que pensam os que estão ao meu redor, é produzido por e produz o que pensam os que estão ao meu redor.

E isso é particularmente claro nas relações entre teatro espontâneo e psicodrama: um não existe sem o outro; ambos se interpenetram o tempo todo. Distingui-los pode ser, em alguns momentos, condição de sobrevivência; dialeticamente, no momento seguinte, a sobrevivência se garante pela fusão e não pela distinção.

A mútua exclusão configura, pois, um enorme equívoco, que, em alguns casos, convém a interesses políticos mediatos ou imediatos. É uma barca furada, na qual não desejo viajar, conclamando meus colegas e leitores a que também a evitem.

Este novo livro, com o qual pretendo amortizar minhas dívidas, apresenta uma revisão do psicodrama sob o ângulo das recentes pesquisas em teatro espontâneo, incorporando as contribuições que se fizeram mais significativas em minha própria experiência pessoal. Essa revisão está longe de ser completa, mas com certeza representa o máximo que, no momento, estou podendo oferecer.

****

Para quem já está familiarizado com a literatura específica, o texto poderá, em muitos momentos, parecer apenas mais um manual que se acrescenta à ampla bibliografia sobre psicodrama já publicada aqui no Brasil, o que pode ser verdade, mas apenas em parte. Porque não se pode apresentar o novo sem integrá-lo ao velho. A dialética antiguidade-contemporaneidade torna esta última umbilicalmente dependente da primeira, matéria-prima reciclada e transformada.

Muito do novo que aqui se apresenta é apenas uma revalorização de pontos já conhecidos, mas que haviam caído no olvido, perdido o brilho e a importância relativa. Daí ser possível que num primeiro momento se tenha a impressão de um *déjà vu*. Em nome disso, reinvidico desse leitor um crédito de confiança, paciência e abertura para as novas idéias que vêm no bojo de minhas reflexões.

****

A quem se inicia nos mistérios do psicodrama e do teatro espontâneo, procurei favorecer com uma exposição o mais didática possível, esforçando-me no sentido de não deixá-lo fora da conversa.

Em todo caso, é importante que saiba que se trata de novidade, e não do que é mais conhecido como o psicodrama "oficial", aquele que mesmo os leigos cultos conhecem pelo menos um pouco. Trata-se de uma visão que recupera um produto já de domínio público e que, por isso mesmo, pode se eximir de responsabilidades pelo que de criticável exista na imagem do psicodrama, sem poder, *ipso facto*, desfrutar do seu prestígio.

É uma proposta que está sendo testada. Em nome disso, reivindico desse leitor um crédito de confiança, paciência e abertura para as novas idéias que vêm no bojo de minhas reflexões.

1

PARA COMEÇO DE CONVERSA

Imagine a cena.

Numa sala de psicoterapia de grupo, uma pequena arquibanca-
da, com três ou quatro degraus, meia dúzia de pessoas conversando
descontraidamente.

Lá pelas tantas, uma delas exclama, em resposta a uma outra:
– Mas o Moysés é terapeuta?! Ele não faz teatro espontâneo?!
– Mas é claro que faz psicoterapia! Ele usa o teatro espontâneo
como instrumento. Qual o problema?

Todos boquiabertos.

O que era óbvio para um dos interlocutores era o antióbvio para
todos os outros, e vice-versa.

Agora, pasme o leitor: a cena é real — maquiada para este relato —
e envolvia ninguém menos do que meia dúzia de psicodramatistas tidos
e havidos como bem formados e bem informados.

Quando, no início do século, Jacob Levi Moreno, um médico rome-
no, vienense por adoção, em plena juventude, com arroubos revolu-
cionários, propôs um novo tipo de teatro, em que o ator encenasse a sua

17

própria história e não a de personagens fictícios, pensava apenas em incrementar as artes cênicas, contrapondo-se ao classicismo da época.

Não poupou, para tanto, idéias e esforços, tampouco os inevitáveis confrontos. Arranjou uma sala de espetáculos, montou ali o seu palco circular com vários níveis, bancou a bilheteria e... não deu. A resposta do público não foi das mais animadoras.

Os atores que formavam a companhia inicialmente vibraram com a proposta, mas a pouco e pouco foram se afastando, fazendo o caminho de volta ao teatro tradicional. Em meio a essa aventura, algumas descobertas foram sendo feitas.

Primeiro, que esse tipo de teatro tinha um potencial transformador. Poderia ser utilizado para o debate cênico de problemas sociais — e eram muitos os temas candentes na Viena do início do século. Também havia mostrado que tinha chances no trato com problemas do relacionamento concreto entre as pessoas, haja vista as melhoras obtidas no cotidiano de um casal (toda proposta terapêutica tem o seu caso célebre, o seu "Heureca!").

Era o tempo do apogeu da revolução freudiana. A psicologia estava com as ações em alta, a psicanálise havia desencadeado uma turbulenta marcha em busca do ouro do inconsciente. Moreno se propunha, sem nenhuma modéstia, iniciar por onde Freud terminava: em vez de interpretar sonhos, estimular as pessoas a sonharem. Esse *boom* era favorável ao teatro espontâneo, podendo até mesmo recuperar seu prestígio, na medida em que explorasse conflitos psíquicos e se propusesse a ajudar na sua resolução. Nasceu o psicodrama.

Já preparando a celebração do seu centenário, o psicodrama continua muito controvertido. Por um lado, se inscreve entre as formas alternativas de terapia. Por outro, busca o *status* que o equipararia às outras modalidades reconhecidas pelo *establishment*. Há quem reconheça a sua força e a sua potencialidade. Outros, muitos, o desprezam.

Uma historinha deliciosa:

J. L. Moreno foi o fundador da IAGP — International Association of Group Psychotherapy. Num de seus recentes congressos, a voz corrente era de que os psicodramatistas empanavam o brilho científico do conclave, com sua forma pouco solene de trabalhar, com sua teoria pouco afinada com o referencial psicanalítico dominante, com suas flagrantes quebras do protocolo.

Afinal, o que há com o psicodrama?

Há algum tempo, um contingente apreciável de psicodramatistas, tanto no Brasil como no exterior, vem se dedicando à recuperação do caráter teatral do psicodrama. E isso, na prática, significa retomar o teatro espontâneo.

Se ele não conseguiu popularidade na época em que apareceu, isso não significa que não se possa avaliar, com o benefício da distância, o que foi que aconteceu e recuperar o que ele tem de válido — e que produziu muitos frutos. O psicodrama, seu rebento mais famoso, atravessa o mundo e consegue um número de adeptos que pouca gente é capaz de suspeitar.

O teatro espontâneo introduz no pensamento psicológico uma forma nova de encarar o comportamento humano. Em primeiro lugar, porque se propõe investigá-lo por meio da criação artística. A representação da vida no palco, atuada pelos próprios autores do relato, permite revelar os aspectos mais importantes do aqui-e-agora concreto de pessoas concretas.

A singularidade dos ângulos pelos quais a vida é observada é um dos elementos mais valiosos que compõem a abordagem artística.

Como ciência, estabelece um novo objeto, diferente dos que ocupam, respectivamente, tanto a psicologia quanto a sociologia. Na tentativa de compreender o homem, privilegia a intersecção entre o individual e o coletivo. Nem o psiquismo individual nem os macrofenômenos sociais lhe interessam como campo de pesquisa (embora não seja tolo em negar a importância das investigações que se fazem nessas áreas fronteiriças). O que instiga sua atenção é o relacionamento concreto entre pessoas concretas e a inserção desse particular no geral, considerado sempre em amplitudes tanto mais amplas quanto possível.

O terapeuta é, nesse caso, um misto de artista e cientista.

Que será tanto mais eficiente quanto mais sensível enquanto artista, quanto melhor domine a sua arte, quanto mais aberto para superar-se a si mesmo a cada passo. Da mesma forma, deve valorizar a construção do conhecimento como uma tarefa que se realiza a múltiplas mãos, cabendo ao condutor do processo não a posse do saber a ser transmitido (porque ele ainda não existe, vai ser descoberto, vai ser erigido), mas da forma como se estabelece o necessário entrosamento para que a tarefa seja bem-sucedida. É aí que entra a concepção psicodramática de terapia.

Terapeuta e cliente trabalham juntos na pesquisa sobre os conflitos que estão presentes na rede de relações de que o paciente é o centro (operacionalmente convencionado). O mero trabalhar sobre esses fatos proporciona ao cliente a oportunidade de liberar sua espontaneidade e de realizar uma ação co-criativa. Tal experiência é, em si, terapêutica, independentemente do conteúdo das conclusões a que se cheguem, bem como do caráter final da criação conjunta.

É por isso que se pode, com segurança, dizer que fazer teatro espontâneo é fazer terapia. Acima de tudo, porque fazer um bom psicodrama é fazer um bom teatro espontâneo. Ou seja, perdida a visão teatral do fazer psicodramático, suprime-se exatamente o que constitui a sua originalidade.

Só com esse cerne garantido é que a terapia psicodramática pode alcançar seus vários níveis: desde aquele que visa à reorganização da vida de determinado indivíduo — o que procura ajuda — até o que almeja transformações mais ambiciosas, passando pela reorganização da família, das equipes profissionais, das instituições, para, mais pretensiosamente ainda, atingir a própria vida social.

$$**********$$

Comecemos pela nomenclatura: por que teatro espontâneo e não teatro da espontaneidade?

Existe uma diferença semântica sutil entre os dois enunciados: o primeiro diz que esse teatro é feito de maneira espontânea; o segundo fala de um teatro cujo objetivo é desenvolver a espontaneidade. Natureza e objetivo: uma diferença muito tênue, especialmente porque cada uma dessas idéias está embutida na outra. Já que a linguagem é produtora de realidades, fico com a primeira, que favorece a minha busca, de um teatro por natureza ousado e criativo, impulsionado para o rompimento de barreiras.

Vale relembrar que o teatro espontâneo veio ao mundo como decorrência de uma inquietação estética, como um questionamento e como proposta de uma nova alternativa. É esse o teatro espontâneo que está na raiz do psicodrama.

O principal documento que endossa essa assertiva é justamente o livro de J. L. Moreno, *O teatro da espontaneidade*. A versão que conhecemos, publicada aqui em 1984, é a de 1973, já ampliada, que incorpora informações históricas significativas a respeito da trajetória da proposta original.

E é o próprio Moreno quem informa que as descobertas a respeito do efeito terapêutico foram transformando o teatro espontâneo originário no psicodrama dito "clássico", como ele o praticava ao fim de sua vida. Essa é a história oficial, sobejamente conhecida e divulgada.

Hoje se sabe um pouco mais, que a grande transformação se deve a Zerka Moreno, cuja contribuição foi de tal monta que já existe quem a considere a verdadeira criadora do psicodrama — nos bastidores domésticos, como convém a toda grande mulher que se posta atrás dos grandes homens. No mínimo, ela exerceu uma influência sobre seu (dela) marido e guru, capaz de trazer para um primeiro plano as preocupações psiquiátricas, co-criando a versão do psicodrama que conhecemos até hoje e que ganhou aceitação mundo afora. Um psicodrama mais "psico" e menos "drama".

O verdadeiro renascimento do teatro espontâneo a que estamos testemunhando nos últimos tempos, em várias partes do mundo, pode ser identificado em dois movimentos simultâneos, um deles oriundo do psicodrama, outro do teatro dito legítimo.

No Brasil, a primeira vertente é tão significativa que tem produzido inúmeros eventos capazes de demonstrar sua força, tais como os intercâmbios com grupos argentinos de teatro espontâneo, os festivais de teatro espontâneo no Instituto Sedes Sapientiae em São Paulo e a sessão de encerramento do I Congresso Ibero-Americano de Psicodrama, em Salamanca, Espanha, 1997. A segunda traz a grife de um nome internacionalmente conhecido, Augusto Boal, que chegou a fazer uma conferência magna no congresso da Associação Internacional de Psicoterapia de Grupo, em Amsterdã, Holanda, 1992.

No plano internacional, temos a destacar, no vetor psicodramático, os trabalhos de Cristina Hagelthorn, na Suécia; os grupos de teatro espontâneo de Córdoba e de Buenos Aires, na Argentina, bem como a proposta da "multiplicação dramática", gestada e parida também no país platino, por um grupo que procurava integrar a psicanálise, o psicodrama e o teatro. Advindos do teatro, a formidável expansão internacional do *playback theater*, da dramaterapia, dos inúmeros grupos que se dedicam às artes cênicas como instrumento terapêutico e o *dreamback theater*, o curioso desdobramento do histórico *living theater*. O advento das comunicações via Internet nos coloca em contato praticamente *on line* com esses movimentos.

Em paralelo, importantes investigações se encontram em curso na área educacional, visando explorar o potencial pedagógico do teatro, iniciativas essas que se aproximam muito do ideário do teatro espontâneo. Para efeito de registro, os trabalhos de não-teatro de Joana Lopes, das universidades de Campinas e Bologna, na Itália, e o rigor acadêmico das pesquisas a respeito de jogos teatrais e da peça didática de Brecht, na Escola de Comunicações e Artes da Universidade de São Paulo.

Por tudo isso, parece-me absolutamente indispensável discutir as relações entre teatro espontâneo e psicodrama, principalmente sob o aspecto da mútua fertilização: o que o psicodrama contribui, com sua experiência quase centenária, para o novo fôlego de sua própria matriz, e o que as recentes aventuras do teatro espontâneo têm trazido como subsídios para o psicodrama.

O teatro espontâneo é uma modalidade de teatro.

A afirmação-título pode parecer óbvia, mas ela é de fundamental importância, na medida em que serve de ponto de referência para dirimir muitas dúvidas, tanto na prática quanto na própria reflexão teórica. Pode-se dizer que a grande pretensão do teatro espontâneo é exatamente sintetizar todas as funções do teatro legítimo, simultaneamente, no momento do espetáculo. Com toda a certeza, um desiderato que representa um gigantesco desafio.

Minha curiosidade inicial — e que até agora inspira minhas investigações — era saber até que ponto a proposta primeira do teatro espontâneo deveria ou não ser considerada uma hipótese já rejeitada nas provas de campo, depois de submetida ao crivo do empírico e testada à exaustão. Não teria sido esse o motivo para o seu abandono?

Ou, será que Moreno passou por ela, bem ao seu estilo preferido, o de abrir muitas portas e deixá-las entreabertas, sem adentrar para explorar a fundo todas as suas potencialidades?

Ou, ainda, poder-se-ia pensar que não deu certo com ele, que poderia ter intuído a idéia mas não ter tido habilidade suficiente para colocá-la em prática? Será que em outras mãos não teria dado mais certo?

É evidente que não se pode fechar a questão levianamente, frente a essas indagações. Deve-se retomar a prática abandonada, levá-la até pelo menos algum ponto além do que o fez o seu idealizador e, aí sim, avaliar as suas reais possibilidades.

Como já havia aqui, entre nós, uma prática de teatro espontâneo com um respeitável portfólio, para retomar a experiência seria indispensável levá-la em consideração. Especialmente porque a importância dessa prática anterior é tamanha que, para a esmagadora maioria dos psicodramatistas, a maneira peculiar de fazer teatro espontâneo que caracteriza essa prática constituiu por muito tempo a própria definição do que seria o teatro espontâneo.

Com o decorrer do tempo, fui testando novas alternativas, referenciado pelos resultados parciais que ia obtendo e pelas questões que foram sendo levantadas no confronto entre o teatro espontâneo e o convencional.

Mesmo correndo o risco de cometer alguma injustiça com os colegas que foram os verdadeiros pioneiros do teatro espontâneo no Brasil, tento resenhar, a seguir, as características do teatro espontâneo que conheci por intermédio deles e as principais modificações que foram introduzidas. Poderia evitar fazê-lo, mas seria uma forma eticamente discutível de sonegar informações essenciais a respeito da trajetória histórica sobre a qual se assentam as teses apresentadas neste livro.

Caracterizo essa linha de trabalho, de modo geral, por:

a) não trabalhar com protagonista, não existindo, portanto, um personagem-eixo, estruturador de um enredo;

b) estimular todos os participantes a atuar, cada um desempenhando o personagem desejado; avalia-se que quanto mais gente participar, melhor;

c) não ter uma platéia que vê e a quem se mostra, não sendo, portanto, fundamental a interação palco-platéia;

d) entender que ao diretor e à equipe de "egos-auxiliares" cabe apenas estimular a participação (com o aquecimento e com recursos de provocação) e conter excessos que tornem a situação demasiado caótica ou perigosa para a integridade física dos participantes;

e) entender espontaneidade como autorização para se fazer o que se deseja.

As modificações experimentadas foram:

a) trabalhar com protagonista;

b) estimular a participação de todos na formulação do enredo, protegendo porém a dramatização para que as cenas não fiquem poluídas pelo excesso de personagens;

c) estabelecer uma clara distinção entre palco e platéia, buscando uma relação de complementaridade entre esses dois elementos;

d) atribuir ao diretor um papel mais assertivo de coordenação e de facilitação do sentido coletivo da criação, que inclui o cuidar da qualidade estética do que se produz;

e) estruturar uma equipe composta de atores e de outros membros com funções diversificadas (som, iluminação, figurino etc.);

f) atribuir aos atores profissionais da equipe (auxiliares) a incumbência de alavancar, em cena, a criação, desempenhando os contrapapéis requeridos pela história e estimulando, a partir deles, o desempenho do protagonista;

g) considerar a espontaneidade como liberdade para participar da construção de algo novo, em articulação e cumplicidade com os demais companheiros, evitando privilegiar iniciativas individuais de caráter eventualmente narcísico, competitivo, impulsivo e até mesmo desrespeitoso.

No evento teatral, dois elementos são fundamentais, por definição: o palco e a platéia; no palco, atores contam cenicamente histórias que são ouvidas e contempladas pelos espectadores.

Há inúmeras formas de articular esses dois elementos, mas nenhuma chega ao ponto de excluir nenhum deles, pois se isso ocorresse o teatro deixaria de ser teatro e passaria a ser alguma outra coisa. Sendo o teatro o lugar onde se vê, é indispensável que existam quem veja e o que seja visto.

Segundo Eugênio Kusnet, o teatro é sempre um trabalho de equipe, em que ator e espectador se comunicam, tendo como objetivo a revelação da vida. O objetivo do ator é sempre convencer o espectador e criar aquilo que se poderia denominar de "fé cênica".

Para que o teatro espontâneo possa realmente inserir-se no campo do teatro, essas características precisam ser observadas.

O teatro espontâneo pode ser utilizado com finalidades específicas e a intenção com que é feito vai imprimir-lhe características particulares.

Quando se anuncia um evento de teatro espontâneo, em geral fica implícita a finalidade pretendida: estética, psicoterápica, educativa, socioterápica.

No entanto, como experiência estética, temos a oferecer algo muito diferente daquilo que, em geral, se considera como tal. Se se fala de psicoterapia, existe uma diferença significativa entre o propósito do teatro espontâneo e o da psicoterapia de grupo, da psicoterapia individual com platéia e do psicodrama público. O mesmo quanto à socioterapia, porque os grupos podem estar presentes por diferentes motivos e com diferentes predisposições; podem estar completos, com todos os seus membros presentes, ou ser apenas uma amostragem dirigida de um grupo maior. Todos esses detalhes são extremamente relevantes.

Para mapear o campo de atuação do teatro espontâneo, sugiro o seguinte diagrama:

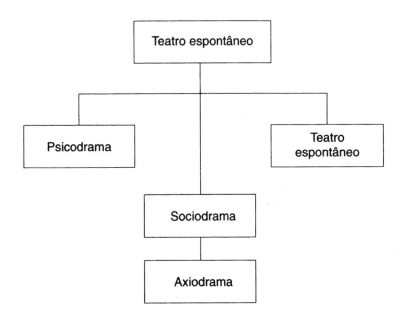

O *psicodrama* é o teatro espontâneo aplicado a situações em que cada participante procura para si mesmo, enquanto indivíduo, algum tipo de crescimento. Não importa, aí, sob que rótulo o trabalho é feito: psicoterapia bipessoal ou de grupo, grupo de alcoolistas, de gestantes, de pais, de familiares de pacientes hospitalizados etc. O que conta é o fato de que o resultado pretendido é uma transformação ao nível de cada participante em particular, seja o trabalho feito individual ou grupalmente.

Essa categoria comporta duas outras subdivisões, dependendo do tipo de crescimento desejado: psicoterapia psicodramática (quando se busca psicoterapia, ou seja, um crescimento ao nível de todos os papéis que o indivíduo desempenha) e *role-playing* (quando o foco se dirige a apenas um papel específico).

"Psicodrama público" ou "grupo aberto de psicodrama" são eventos singulares, abertos à participação de qualquer interessado, sem seleção prévia direta e sem continuidade. Seu contraponto é o "psicodrama processual", em que um mesmo grupo se reúne repetidas vezes, por períodos freqüentemente curtos (*workshops*) ou longos.

Chama-se sociodrama a situação em que o teatro espontâneo é utilizado com vistas ao desenvolvimento de um grupo preexistente e que, em princípio, continuará existindo depois dessa intervenção. O objetivo que preside a existência desses grupos com os quais se trabalha vincula-se ao cotidiano da vida, diferentemente dos grupos que são formados para fins especificamente terapêuticos. Incluem-se pois, nesse caso, os casais, as famílias, as equipes de trabalho, os associados de uma instituição, os grupos dirigentes, os alunos de uma turma ou de uma escola e assim por diante.

Em princípio, num sociodrama, todos os membros do grupo-cliente comparecem às sessões de teatro espontâneo e são estimulados a participar da forma mais intensa possível. Vale lembrar que essa é a diferenciação proposta pelo próprio Moreno, que para tanto utiliza como critério o "quem é o sujeito" (cliente, no nosso linguajar profissional): no psicodrama, o sujeito é o indivíduo; no sociodrama, o grupo.

Quando a utilização do teatro espontâneo visa a atingir a comunidade em geral, por meio de uma amostragem, uma vez que apenas uma parte da comunidade comparece ao evento, poderíamos recorrer ao termo *axiodrama* para designá-la. Ou então considerá-la como uma subdivisão do sociodrama, caracterizada pelo fato de que nem todos os membros da coletividade considerada estão presentes. São exemplos desse tipo de teatro espontâneo os eventos convocados para se "debater dramaticamente" um assunto de natureza política, um problema da coletividade, questões éticas e assim por diante.

Por outro lado, há que considerar o teatro espontâneo que é promovido como uma alternativa de produção cultural, pura e simplesmente, com objetivos semelhantes aos das outras formas de se fazer teatro. Neste caso, os participantes buscam o que costumam buscar nos espetáculos: entretenimento, lazer, cultura, reflexão sobre a vida etc. A rigor, esse seria o único tipo de teatro espontâneo "não aplicado". Daí merecer a designação costumeira de *teatro espontâneo*, mesmo.

Fica evidente, nesse quadro, o pressuposto de que o teatro espontâneo é a categoria mais geral, sendo diversas as práticas dele derivadas. Inova em relação ao esquema implícito na tradição psicodramática, que coloca o psicodrama como a categoria mais abrangente, da qual derivariam as demais, inclusive o próprio teatro espontâneo.

Há uma proposta de reformulação, que corre em paralelo, que sugere a colocação do *role-playing* como o topo do diagrama, ficando no nível imediatamente abaixo o psicodrama, o sociodrama, o axiodrama e o teatro espontâneo. Como se pode ver, não existe unanimidade em torno do assunto, o que pode ser até positivo, pelas reflexões que a divergência acaba estimulando.

26

Este quadro que proponho representa um posicionamento teórico que traz em seu bojo, de forma implícita, a resposta às indagações a respeito do potencial terapêutico do teatro espontâneo.

Considero o psicodrama, o sociodrama e o axiodrama como atividades terapêuticas primárias, porque são realizadas com o objetivo explícito de ajudar o sujeito (indivíduo, grupo ou coletividade) a se transformar. Por esse crivo, diferem de outras atividades, como a religião, o lazer, o fazer artístico, o esporte, que podem apresentar efeitos terapêuticos, mas estes são secundários, uma vez que sua meta principal não é a "cura" — para não descartar ainda o modelo médico.

O que valida a utilização do teatro espontâneo como técnica básica dessas intervenções terapêuticas primárias é a convicção de que ele tem, em si, um potencial terapêutico.

Mas é preciso investigar mais profundamente e discutir melhor as condições em que esse efeito pode ser observado, tarefa essa umbilicalmente articulada com a preocupação de identificar a contribuição específica do teatro espontâneo para a compreensão do psicodrama.

O fato de considerarmos o teatro espontâneo como a categoria mais geral, da qual derivam todas as outras, nos permite um aproveitamento mais amplo das experiências seculares do teatro como arte, o que contribui para desenvolver tanto a técnica como a própria teoria do psicodrama.

Quem faz psicodrama ou sociodrama está fazendo, ipso facto, *teatro espontâneo.*

Esta afirmação é um corolário do diagrama acima. Talvez seja redundante, mas é preciso enfatizar alguns aspectos.

Nos livros mais antigos de psicodrama encontramos com freqüência referências ao teatro espontâneo como uma entre as muitas técnicas psicodramáticas, que não se insere sequer no elenco das chamadas técnicas básicas.

Inversamente a isso, o que proponho é que se considere que o teatro espontâneo não é uma mera alternativa técnica, mas sim o método básico, que se serve de um conjunto de técnicas para alcançar suas metas. Esse cabedal técnico se amplia, evidentemente, com o decorrer do tempo, pela incorporação de novos recursos que vão sendo experimentados e, principalmente, daqueles originados do teatro convencional.

Essa nova perspectiva se justifica não apenas pela precedência histórica do teatro espontâneo, mas também pela análise dos recursos tradicionais do psicodrama terapêutico, a prática mais conhecida e reverenciada nesse campo.

Com efeito, o psicodrama trabalha rotineiramente com palco, cenário, protagonista, posta em cena, dramatização, papéis cênicos, caracterização de personagens, como se, drama, contexto dramático, um conjunto de ferramentas tomadas de empréstimo ao teatro. Só que não as utiliza da mesma forma como o teatro convencional, uma vez que elas são recicladas para um tipo especial de teatro, que é o do improviso, do momento, cuja expressão mais completa é o teatro espontâneo.

Por outro lado, são comuns as referências ao psicodrama e ao teatro espontâneo, como se fossem distintos, ou se faz uma coisa ou se faz outra. Essa contraposição seria, no caso, inadequada, salvo quando se menciona o teatro espontâneo em sua versão explicitamente estético-cultural.

Nessa linha, existe até uma antiga polêmica que contrapõe duas idéias: uma, de que o psicodrama é um método terapêutico que se utiliza de recursos do teatro; outra, de que o psicodrama é uma modalidade de teatro que tem finalidades terapêuticas.

Uma questão que traduz ênfases e preferências pessoais de cada profissional e de cada teórico. Mas que traz implícita a afirmação de que quando se faz psicodrama se faz teatro — espontâneo. Mesmo quando fazemos questão de desconsiderá-lo.

O teatro espontâneo não é uma nova corrente dentro do movimento psicodramático.

Os conceitos básicos da teoria psicodramática foram formulados por Moreno logo no início de sua carreira, a partir da experimentação que levou a cabo no âmbito do teatro espontâneo.

A recente retomada dessa experimentação pode ser caracterizada como uma espécie de pesquisa básica, capaz de oferecer subsídios a todas as correntes do psicodrama.

São vários os aspectos contemplados:

a) Ampliação do arsenal técnico

As técnicas psicodramáticas são teatrais, ligadas à improvisação teatral. No teatro convencional, a improvisação é utilizada no treinamento de atores e na preparação de personagens. A improvisação sintetiza duas vertentes teatrais, a dramaturgia (criação do texto, da peça em sentido amplo, enredo e falas) e a representação (o ator encena o personagem e age como ele). A atenção se volta para o processo de criação, deixando na penumbra o produto final. O psicodrama vai, assim, aos bastidores do teatro, ao ensaio, aos espaços de fabricação do espetáculo.

28

A cena psicodramática trabalha sempre com a articulação texto-sub-texto, procurando integrar este último ao texto. É para essa finalidade que foram criadas as técnicas básicas do psicodrama, que podem ser ampliadas *ad infinitum*, com aproveitamento das contribuições do teatro legítimo e do espontâneo.

b) Revitalização dos instrumentos do psicodrama

Protagonista, auxiliar, diretor, platéia e palco são considerados os cinco instrumentos fundamentais do psicodrama. Todos eles são objeto de reavaliação nas pesquisas em teatro espontâneo. Algumas das conclusões são apresentadas ao longo deste livro.

c) Ampliação da compreensão teórica

Os principais conceitos do psicodrama também derivam dos experimentos de teatro espontâneo: papel, projeto dramático, tele, espontaneidade, protagonização, realidade suplementar e assim por diante. O que temos constatado é que o teatro espontâneo tem se mostrado fértil no repensar esses conceitos, proporcionando importantes avaliações sobre consistências e articulações teóricas.

Alguns desses avanços são discutidos aqui.

d) Aprofundamento da compreensão dos estilos dramatúrgicos

As diferentes modalidades de psicodrama que vêm sendo criadas e praticadas, desde os primeiros momentos, nada mais são do que ênfases dramatúrgicas: exploração de conflitos íntimos ou relacionais ou, ainda, íntimos-relacionais; texto reparatório; abertura e ampliação de sentidos; pesquisa histórico-causal; revisão dos conteúdos ideológicos etc.

Quando examinadas à luz do teatro espontâneo, essas alternativas se tornam mais claras e, portanto, podem ser melhor pesquisadas.

Toda investigação requer, evidentemente, alguns parâmetros teóricos suficientemente consistentes, sob pena de nos vermos novamente perdidos nessa imensa floresta virgem na qual nos metemos, sem bússola, sem sol, sem nada que nos permita, se não achar a saída, pelo menos retornar ao ponto de origem.

Na medida em que opera com alguns dos conceitos norteadores do pensamento psicodramático, tais como espontaneidade, teatralidade, papéis etc., acaba trazendo-os para o foco, sem necessariamente desconsiderar os demais conceitos, que ficam temporariamente em compasso de espera ou acabam sendo realocados dentro do mapa espectral de nuclearidade-periferia.

O psicodrama que incorpora o teatro espontâneo não difere fundamentalmente do psicodrama clássico (até porque este é um subproduto daquele): apenas acentua contornos, valoriza práticas, revitaliza conceitos; deixa na penumbra alguns aspectos que são hipervalorizados nas abordagens que priorizam aspectos psicológicos; assesta seus holofotes sobre outros que nestas últimas são desconsiderados.

Não se pode, evidentemente, desconsiderar um fenômeno sociométrico muito importante que é o aglutinamento de pessoas que se escolhem reciprocamente em função de objetivos comuns e afinidades. Isso não acontece, obviamente, apenas nos pequenos grupos, que possuem um tamanho adequado à aplicação de um teste sociométrico. Sua ocorrência abrange também os segmentos comunitários mais amplos, como, por exemplo, o chamado movimento psicodramático. Assim, quando algumas pessoas começam a se interessar por determinada abordagem, automaticamente vão abrindo seus sensores para identificar outras que possam complementá-las no papel de interlocutores, contrapontos, cúmplices etc. Na medida em que, em função do seu entusiasmo e da produtividade que esse intercâmbio favorece, começam a aparecer os resultados de seu trabalho, mormente quando divulgados, começa a se configurar um subgrupo, caracterizado por interesses e linguagem comuns. A tendência natural é identificar esse subgrupo como uma nova "corrente" dentro do psicodrama.

A consciência de que isso ocorre nos permite aguçar nossa percepção para não incorrermos no equívoco de discriminar negativamente o diferente, como se de alguma maneira esse subgrupo se constituísse numa horda de apóstatas ou vice-versa.

A pergunta que nos poderia ajudar a vencer essa tentação seria: em que esses trabalhos podem enriquecer a minha própria prática, sem que necessariamente eu tenha que abrir mão de minha identidade e de minhas convicções mais queridas?

O universo teórico psicodramático é bastante diversificado — e nisso ele não difere de qualquer corrente — e apresenta nuanças que variam de um pensador para outro.

Tal diversidade, longe de ser negativa, configura uma inestimável força de propulsão. Evidencia uma espécie de ruptura com a conserva cultural, um estímulo à criatividade de cada praticante, uma disposição de renovar sempre, de não estabelecer verdades definitivas, de estar sempre em busca do passo seguinte. De quebra, apresenta a vantagem de não facilitar a constituição de uma casta de "doutores da lei", intérpretes autorizados dos dogmas incontestáveis de uma para-religião.

Refletir sobre a prática é a função precípua da teorização; desvinculada, a teoria não tem razão de ser. Por outro lado, a técnica não constitui um código de acertos e erros: antes significa o testemunho do praticante que conta para seus companheiros o que, na sua experiência, costuma facilitar ou dificultar a realização do trabalho.

Tendo isso em mente, ao apresentar os pontos de vista que se seguem, estou propondo ao leitor que, tomando conhecimento deles, inverta papéis comigo e, valendo-se desse recurso psicodramático, ouça e avalie suas próprias idéias a partir desse lugar, que é o meu. Ao retornar aos seus papéis iniciais, que continue empreendendo suas próprias incursões técnicas e teóricas, incrementando suas contribuições pessoais a respeito do que fazer e de como fazer.

2

O CAMPO DO TEATRO ESPONTÂNEO

O teatro espontâneo é uma modalidade de teatro interativo, cuja característica básica é a improvisação. O mais comum é que tanto o texto como a representação sejam criados no momento da própria apresentação, com base em contribuições da platéia. No entanto, essa não é uma regra absoluta.

Nesse tipo de prática artística, o critério para a avaliação da qualidade estética é a espontaneidade: quanto mais livre o fluxo de criação, mais mobiliza emoções, mais curto é o caminho para atingi-las, mais belo o espetáculo.

A espontaneidade do teatro espontâneo não é, porém, uma qualidade a ser contemplada como algo externo, que existe fora do sujeito que contempla. A espontaneidade se atualiza na interação.

O parâmetro do belo não se estabelece, pois, a partir da contemplação, mas a partir da interação, ou seja, a estética do teatro espontâneo é interativa em vez de contemplativa. Nela, o produto que se considera é o próprio processo.

Por outro lado, o teatro espontâneo não é um caso particular entre as várias técnicas de coordenação de atividades grupais, englobadas no título genérico de "dinâmicas de grupo". Não se enquadra, também, nas chamadas "técnicas de ação", hoje incorporadas ao patrimônio do campo psicodramático.

Como uma boa atividade teatral, procura concretizar o propósito fundamental do teatro que é relatar histórias cenicamente, ou seja, uma ou mais pessoas (o elenco) mostram uma cena para que outras (a platéia) as vejam.

Esses são seus traços mais gerais. A partir deles se têm experimentado inúmeras maneiras diferentes de produzir o teatro espontâneo. Com efeito, temos testemunhado nos últimos tempos uma explosão de criatividade, com o surgimento de várias modalidades, das quais as mais significativas logo serão apresentadas. Por enquanto, vale a pena ressaltar que todas elas procuram avançar no sentido de se encontrar um padrão estético o mais alto possível e de viabilizar seus objetivos.

Tradicionalmente, no teatro espontâneo que denomino de matricial, a equipe de profissionais (unidade funcional) é constituída de um diretor e um elenco, composto por um ou mais atores, além de colaboradores para atividades de apoio. O desempenho dessas funções exige um treinamento específico, que tende inclusive a certo grau de profissionalização, cujo conteúdo se aproxima muito da formação de atores e diretores do teatro dito legítimo, ampliado para incluir algumas habilidades que são específicas do teatro espontâneo.

A equipe precisa atuar de forma harmoniosa, tanto técnica como afetivamente, e por isso sua coesão interna é fundamental para a qualidade da criação. É de sua responsabilidade coordenar e estimular os demais participantes na tarefa de criar e representar, simultaneamente, um texto dramático.

Nesse modelo matricial, a platéia é representada por um de seus membros (emergente grupal), que vai ao palco para desempenhar o papel do personagem principal (protagonista), núcleo da história que está sendo "escrita". Outros membros da audiência são chamados para fazer os papéis complementares, tantos quantos sejam necessários. Os atores profissionais sobem ao tablado, quando é o caso, para contracenar com os demais atores do momento, auxiliando-os na estruturação tanto do texto como, principalmente, da encenação.

Pode-se trabalhar com temas previamente definidos, e isso de fato ocorre com relativa freqüência. No entanto, o mais comum é que pelo menos a cena embrionária, aquela que dispara o processo de criação, seja oferecida pela platéia e não pela produção do espetáculo.

O teatro espontâneo tem uma linguagem que lhe é específica, pela qual trata de convencer o espectador a respeito daquilo que está sendo mostrado. Para tanto, utiliza-se da improvisação (que lhe permite uma radical atualidade), da própria arquitetura do espaço físico, de recursos auxiliares tais como música, iluminação e figurino e, principalmente, da postura da equipe técnica frente aos demais.

O detalhamento desse formato básico consiste na invenção e experimentação, a cada espetáculo, de novas alternativas e caminhos — até para fazer jus à própria meta de desenvolvimento da espontaneidade. E isso de fato vem ocorrendo.

O grupo e a produção dramática

Até alguns anos atrás, antes da fase histórica que vivemos atualmente, o teatro espontâneo era entendido principalmente pela comparação que se fazia entre ele e o psicodrama. E um dos critérios para esse cotejamento era a forma como se manejava a produção dramática, tradicionalmente centrada em dois focos principais: o protagonista e o grupo. O diretor, no afã de facilitar e estimular a criação do texto e da representação, pode privilegiar uma ou outra dessas fontes de contribuição.

No psicodrama terapêutico clássico, em que o emergente grupal se faz protagonista com um conflito que se expressa por meio de uma história de sua própria vida pessoal, é nele que se concentram todos os esforços criativos. São as suas reminiscências e fantasias que contam, colocando-se todos os demais participantes, momentaneamente, ao seu serviço.

Dentro desse contexto, convencionou-se designar os atores que com ele contracenam como "egos-auxiliares", uma vez que, em tese, estariam maternalmente emprestando seus "egos", por suposto nessa circunstância mais fortes e estruturados, ao protagonista que, também por definição, teria seu "ego" fragilizado ou em desenvolvimento.

Esses atores devem por isso mesmo ser fiéis, tanto quanto possível, à linha de atuação definida pelo protagonista. Isso não quer dizer que devam necessariamente operar como meros autômatos, dado que sua sensibilidade artístico-terapêutica deve ser acionada para captar, em cena, alguns aspectos do conflito que não tenham sido anteriormente evidenciados e em cima deles criar a própria atuação.

Por outro lado, é por intermédio dos atores da equipe que o próprio diretor inclui alguns elementos novos que permitam não apenas a melhor expressão do conflito em pauta, mas também a sua eventual resolução.

Como corolário dessa delimitação de tarefas, impõe-se o cuidado para que o ego-auxiliar evite, a todo custo, a contaminação da cena com conteúdos pessoais próprios (sentimentos, fantasias, reminiscências, defesas egóicas). Na melhor inspiração brechtiana, dele se exige que se "distancie" do personagem que está representando: ele é apenas um ator que faz o que está definido pelo *script* que lhe foi fornecido, neste caso, pelo protagonista ou pelo diretor.

Essa abordagem favorece a exploração do conflito protagônico com uma certa disciplina, especialmente vantajosa quando se pretende investigar o sintoma, estabelecendo com maior clareza a psicodinâmica subjacente, assim como sua inserção histórica na vida do protagonista.

Também é bastante útil se, além de uma função diagnóstica, se atribui à dramatização um caráter resolutivo ou reparatório, proporcionando ao paciente a oportunidade de superar, de alguma forma, a queixa apresentada.

Talvez pela eficiência demonstrada ao longo dos anos, na consecução desses objetivos, seja essa a abordagem considerada como típica — se não exclusiva — do psicodrama clássico. Ou do psicodrama como revelação.

Caminho oposto ao acima descrito é a abertura total do foco, permitindo que todas as pessoas do grupo participem da encenação, trazendo suas respectivas contribuições na forma e no momento desejado. Toda a disciplina da abordagem protagônica é, nesse caso, abandonada, em favor da criação e da manifestação. Os limites são muito tênues, recorrendo-se a eles apenas em situações extremas, o que enseja uma produção freqüentemente caótica, com várias cenas em paralelo e tumultuadas.

Essa forma de trabalho, atribuída no passado ao teatro espontâneo, como se fosse sua característica essencial, presta-se a uma série de equívocos, que valeria a pena mencionar, a fim de que sua utilidade e seu potencial possam ser devidamente apurados.

O primeiro equívoco é dizer que é esse formato que permite que os participantes atuem espontaneamente, como se no foco protagônico isso não ocorresse. É bom lembrar a definição de espontaneidade que alia ao seu caráter criativo um sentido de adequação. Adequar-se não é sujeitar-se a um padrão externo de avaliação qualitativa do ato. A adequação, no caso do comportamento espontâneo, tem a ver com sua pertinência ao momento, com o fato de a ação ter uma finalidade a ser alcançada aqui e agora.

Não se pode confundir, portanto, espontaneidade com o fazer o que bem se entende. A atuação hipomaníaca não pode, por exemplo, ser caracterizada como espontânea, tampouco o que-bem-se-entende automatizado e repetitivo.

Por outro lado, é tecnicamente incorreto dizer que nessa abordagem o protagonista é o grupo. O significado etimológico de protagonista é o *primeiro* combatente. Se todos os combatentes vão juntos, não existe um primeiro. Questão de lógica. O que ocorre, de fato, é que se trabalha sem protagonista, erigindo-se o grupo como um todo como foco de produção dramática.

Outro equívoco-corolário é confundir esse modo de trabalhar com sociodrama. O que caracteriza o sociodrama é que nele o grupo é o sujeito, e não o foco de produção dramática. Dizer que o grupo é o sujeito significa que o trabalho se desenvolve em torno de temas que dizem respeito a eventuais disfunções do conjunto enquanto tal, ou seja, do grupo-como-grupo.

A designação "sociodrama" responde, portanto, às perguntas "quem é o foco do trabalho?" (o grupo), e "qual a sua finalidade?" (o bom funcionamento do grupo enquanto tal), e não à questão "qual a estratégia escolhida?" (o foco de produção dramática). Vale lembrar que é perfeitamente possível que se adote como estratégia sociodramática a encenação centrada num protagonista, inclusive tomando como cena embrionária um relato da vida pessoal do emergente grupal.

Ao se optar pelo grupo como foco de produção dramática, levam-se em conta algumas vantagens. Uma delas é o potencial terapêutico da própria caotização, na medida em que representa uma possibilidade de afrouxamento da crítica, de desmanche de padrões inibitórios e conseqüente permissão para novas alternativas, de concretização de fantasias sem maiores preocupações com suas conseqüências, de desconstrução experimental da ordem.

Em tese, essa vivência do caos seria um passo importante para se poder criar uma nova ordenação.

Por outro lado, em termos teatrais, o fato de existirem várias cenas simultâneas não é necessariamente uma perda estética, uma vez que permite ao espectador escolher uma delas como alvo de sua maior atenção. Pode eventualmente ensejar até mesmo a prevalência de uma delas, transformando-a em cena única, com direito a protagonista e tudo.

Trata-se, evidentemente, de uma montagem arriscada, demandando um esforço muito maior para que a apresentação não desande e o grupo não se desintegre.

O grupo como foco de produção dramática não é característica do teatro espontâneo, assim como o foco no protagonista não define o psicodrama. Ambas as estratégias podem ser utilizadas tanto num como noutro caso, dependendo das conveniências apuradas pelo diretor do evento específico.

O teatro espontâneo contemporâneo parece estar evoluindo no sentido de uma síntese entre essas duas abordagens, qual seja, utilizar o protagonista como eixo da produção dramática, comprometendo ao mesmo tempo todo o grupo nessa tarefa. A atenção ao grupo pode ser considerada, inclusive, como um dos traços mais marcantes do teatro espontâneo e uma de suas mais significativas contribuições ao psicodrama, em especial.

Numa sessão de teatro espontâneo se evidencia permanentemente a tensão entre o individual e o coletivo, entre o membro do grupo que circunstancialmente desempenha determinado papel e o grupo como um todo. Essa tensão pode traduzir-se até mesmo em conflitos pontuais. No entanto, ela parece ser uma das forças propulsoras da criação que se busca. Assim, não se afigura como missão do teatro espontâneo o tentar eliminar essa tensão, mas apenas tratar de evitar que os conflitos se cristalizem ou tenham efeitos paralisantes, valorizando os aspectos positivos da própria contradição.

É bom lembrar que o que estrutura um grupo é sempre a tarefa comum a que se propõe, a construção coletiva, e não as similaridades individuais de objetivos, necessidades, conflitos etc.

É aqui que faz sentido o conceito de projeto dramático, como referência para a compreensão da sociopsicodinâmica de um grupo. As metas grupais, parte importante do projeto (nem sempre conscientes, é bom que se lembre), não coincidem necessariamente com os objetivos individuais, também eles conscientes ou não.

O "para que estamos juntos" preside a atribuição dos papéis — as ações esperadas de cada membro do grupo, voltadas para a tarefa comum. Tal atribuição subordina-se, entretanto, às inevitáveis tensões e contradições, que se traduzem em conflitos sempre que o grupo se põe em ação para realizar seu desígnio.

O projeto dramático, nos detalhes ou até mesmo nas suas grandes linhas, que abrangem não apenas os objetivos como também os meios para alcançá-los, está sujeito a constantes reformulações, como decorrência do próprio movimento para concretizá-lo.

O conceito de projeto dramático (explícito e implícito, manifesto e latente), dentro do quadro conceitual da sociometria, é de grande valia na tentativa de compreender esses movimentos grupais.

O conhecimento, por parte do grupo, de suas próprias expectativas, desejos e possibilidades, assim como o mapeamento das inter-relações internas e externas, permite a clarificação do por que e para que seus membros estão juntos. Isso, em tese, facilita, por sua vez, a re-articulação da estrutura grupal.

Assim, transformar um projeto dramático implícito em explícito pode parecer um dos caminhos para que um grupo possa melhor se entrosar em torno de seus propósitos, favorecendo, por conseguinte, a co-criação e a transformação. E isso parece ser válido tanto no que diz respeito a micro, ou a macrotransformações, ou a ambas indistintamente.

Ora, nem sempre o conflito grupal é detectável ou decodificável de imediato, especialmente quando se leva em conta que o observador, qualquer que seja o seu papel no grupo, está sempre imerso nessa sociopsicodinâmica.

Por isso mesmo, o privilegiamento da articulação protagonista-grupo, como foco da produção dramática no teatro espontâneo, é um dos mais importantes recursos para permitir que todas essas contradições, tensões e conflitos possam expressar-se na própria criação coletiva, no caso, o espetáculo *lato sensu*.

Finalidades

Se considerarmos o teatro espontâneo como uma manifestação artística, podemos tranqüilamente dizer que ele tem uma finalidade em si, da mesma forma que a finalidade da arte é a própria arte.

No entanto, sua história o vincula à busca de um objetivo que transcenda a própria experiência de criação, e essa característica não pode ser desconsiderada. Pode-se até mesmo questionar seu comprometimento com o viés utilitário que impregna nossa cultura ocidental burguesa pós-moderna, mas esse não é nosso objetivo neste momento.

Quer o consideremos como arte pura ou aplicada, transformação é a palavra-chave, freqüência obrigatória nos espaços de reflexão teórica do teatro espontâneo.

Transformar significa dar nova forma, feição ou caráter a alguma coisa; tornar essa coisa diferente do que era, mudar, alterar, modificar, transfigurar, metamorfosear... ou seja, é um movimento para além da forma já estabelecida, que deixa de existir para dar lugar a uma outra.

Também pode significar a superação da forma, na acepção de atravessá-la por completo e atingir um ponto que se situa além dela, onde ela não mais faz sentido.

Como vimos, o projeto dramático grupal está continuamente se modificando, em função das intercorrências e dos desdobramentos da própria experiência. Os conflitos podem, entretanto, ter um efeito paralisante sobre o fluxo do projeto; daí a importância de se ter acesso a algum tipo de ajuda que venha a facilitar as necessárias transformações.

Esse princípio se aplica tanto ao grupo concreto que está participando de um evento de teatro espontâneo, cuja tarefa comum é produzir o espetáculo, como a outros grupos, de diferentes portes e abrangências, com os mais diversos projetos dramáticos.

Um dos pressupostos do teatro espontâneo é que a transformação do grupo, da inter-relação entre seus integrantes, na busca do saudável, do espontâneo-criativo, pode ser um disparador de processo idêntico tanto ao nível de cada indivíduo que integra o grupo como de outros grupos que de alguma forma se encontram dinamicamente interligados.

A questão que se coloca é saber se o ponto a ser atingido pode ou não ser determinado *a priori*. Existe certo padrão de higidez mais ou menos consensual; existem expectativas, traduzindo desejos e interesses, em geral externos, a respeito dos comportamentos individuais tanto quanto do funcionamento grupal. Há aspectos ideológicos inevitavelmente presentes. Ou seja, é sempre necessário saber qual é a transformação desejada, quem a deseja, a que título e com que finalidade, qual o preço a ser pago por ela e assim por diante.

A proposta do teatro espontâneo é aberta e ousada: quem deve desejar a transformação são as pessoas diretamente envolvidas no processo. Quem ajuda não deve engrossar o coro das pressões externas a que estão sujeitas no sentido de não mudarem ou de mudarem para esta ou aquela nova configuração, definida ou estabelecida por outrem. A escolha do processo de co-criação como foco do trabalho, no teatro espontâneo, possibilita que cada grupo se dê conta da transformação por ele próprio desejada.

Daí para a frente, é pagar para ver, pois não se pode garantir mais nada. Deve-se assumir o risco de simplesmente desbloquear os movimentos naturais e acreditar que o melhor caminho é o das transformações que já estão em curso latente.

Cada modalidade de teatro espontâneo se propõe como ferramenta ao seu modo, o que com certeza implica algumas diferenças, já que as relações produtor-produção-produto são peculiares em cada caso.

De modo geral, entretanto, podemos identificar algumas grandes linhas que indicam os caminhos a serem percorridos. Ou seja, a transformação passaria principalmente por algumas possibilidades, oferecidas pelas diferentes formas de fazer teatro espontâneo.

Em primeiro lugar, supõe-se que a transformação só será possível por meio da *ação* do próprio sujeito, ação essa que, em vez de ser aleatória, deve ser orientada por algumas diretrizes tidas como facilitadoras de mudanças.

40

Em segundo lugar, entende-se que há necessidade de desvelar o *co-inconsciente*, o que não significa digitalizá-lo, porém vivenciá-lo com intensa emoção, sintetizá-lo e expressá-lo, com recurso preferencial à linguagem analógica. Nessa linha, Bateson postula que uma informação só se caracteriza como tal quando traz redundância, quando é capaz de atingir uma forma prévia e movimentá-la do fundo para a figura.

Desvelar o co-inconsciente não tem, pois, a ver com o "trazer para a consciência", no sentido tradicional de cognição intelectiva, porém está relacionada com a consciência no sentido mais amplo de apropriação vital.

A terceira via seria a *produção de novos sentidos*, e corre paralelamente às anteriores. Também neste caso, a "consciência" dos novos sentidos independe do quanto de informação mentalmente estruturada isso implique, ou da qualidade racional de sua expressão. Por esse caminho, trans-formar chega muito perto do re-formar.

Por último, porém não menos importante, vem a *liberação da espontaneidade*. A rigor, ela representaria a convergência dos caminhos anteriores, podendo inclusive ser confundida com a própria transformação em si. Ou seja, a transformação desejada pelo teatro espontâneo é a re-aquisição do fluxo espontâneo da vida.

Co-criação, o método

O que se propõe, no teatro espontâneo, é que as pessoas se unam com o objetivo de criarem, em conjunto, algo novo, o espetáculo. Esse é o método.

Fundamenta-se no pressuposto de que a experiência de co-criar tem o condão de despertar a crença nas possibilidades de busca em comum de soluções para problemas comuns.

Essa crença não seria meramente teórica, passível de ser traduzida em palavras ou de fazer-se objeto de proselitismo. Existencialmente experimentada, provocaria algumas mudanças fundamentais de atitude e de clima afetivo, favoráveis à multiplicação dos efeitos da vivência desencadeadora.

Criar é dar existência, tirar do nada, dar origem, gerar, formar, dar forma. Co-criar é fazer isso coletivamente.

O conteúdo que se cria nem sempre é relevante, pelo menos na aparência, não havendo a mínima necessidade de que se caracterize como uma grande sacação ou uma perspectiva reconhecidamente original. No entanto, acredita-se que por ser necessariamente analógico seja suficientemente revelador.

Por outro lado, é de fundamental importância a forma como o grupo se comporta. O objetivo é superar formas estereotipadas e menos eficazes de agir coletivamente, propiciando a descoberta de novas vias para uma relação interpessoal produtiva.

Essa descoberta, como legítima experiência de aprendizagem, não se limitaria às novas possibilidades identificadas apenas para o momento. Pelo contrário, possibilitaria uma expansão para outras situações de vida, por intermédio da transferência, da multiplicação e da generalização.

Uma nova atitude frente à vida pode brotar dessa experiência de co-criação, de aprendizagem construtivista e responsabilidade coletiva, o que pode ser um excelente antídoto contra o messianismo, a dependência, a manipulação de e por terceiros e assim por diante. Pode constituir-se até mesmo num fim em si mesmo.

O momento

É impossível falar de teatro espontâneo sem dar destaque a um de seus pressupostos mais importantes, que é o conceito de momento. Aliás, "teatro do momento" foi uma das designações que recebeu, no cadinho de sua história primeva.

Há inúmeras acepções em que o termo pode ser tomado. Desde aquele mais vulgar, que é o de fugacidade, até o mais complexo e específico, proposto por Moreno, que é o de unidade de criação. Senão, vejamos.

Momento pode ser eternidade. Numa perspectiva holográfica, pode-se perfeitamente apreender uma estrutura macro, perscrutando uma partícula que, por suposto, apresenta uma estrutura idêntica. Assim, o agora é o sempre. Por intermédio do passageiro eu posso inserir-me no eterno.

Momento pode ser atemporalidade. O tempo é apenas uma categoria mental. Não é uma característica intrínseca aos fatos com os quais eu entro em contato através de minha consciência. É ela que os estrutura, utilizando o tempo como uma das pilastras que garantem a inteligibilidade do mundo. Mas posso tentar, pelo menos, abrir mão desse recurso e tentar encarar a vida como algo atemporal.

Momento é foco. É impossível à minha mente abarcar toda a realidade à minha volta, com suficiente detalhamento, tudo ao mesmo tempo. Por isso, sou dotado de um recurso que é a atenção. Por meio dela, eu me atenho a determinado ponto, uma área restrita desse todo, lançando sobre ele toda a luz necessária. O que fica em volta não está eliminado: é apenas penumbra. Tudo permanece articulado, o todo não se desfaz, eu não isolo a parte escolhida do conjunto. Apenas privilegio uma área, lanço sobre ela meus holofotes.

Momento é ruptura. A vida é um constante transformar-se, superação atrás de superação. O novo parte inevitavelmente do velho, sim, mas há um ponto, nesse processo, em que algo deixa de ser para que outro possa ser. Na verdade, tudo é. Mas eu presencio a passagem, posso constatar a diferença. Algo se rompe, desintegra-se e imediatamente se reintegra, numa nova configuração que engloba outros fragmentos de outras desintegrações. Momento é unidade de criação. Nos movimentos da vida, algo começa a se juntar, sorrateiramente, com outros algos. Quase imperceptivelmente começam a surgir novas cores, novas luzes, novos perfumes, novas sonoridades. Pouco a pouco vão ficando mais evidentes e algo novo começa a delinear-se no horizonte de minha consciência. E cada vez mais se impõe até que constato um novo ser. Fora de mim mas ao mesmo tempo dentro de mim. Um novo ser no mundo. Um novo ser-no-mundo, eu também. A experiência de criar.

Nenhuma dessas perspectivas exclui uma à outra. Pelo contrário, elas se somam, se combinam, se potencializam, se exponencializam, o limite é o infinito.

O caráter terapêutico

Para que esse problema seja bem colocado, é preciso lembrar que, quando se fala de terapêutico, nesse caso, subentende-se que é o mesmo que psicoterapêutico. Qualquer resposta que deixasse de levar esse fato em conta seria fraudulenta, tanto do ponto de vista de quem pergunta como de quem responde, em detrimento da elucidação teórica que se busca.

Nada resolveria dizer que o teatro espontâneo é terapêutico, omitindo que ele não é necessariamente psicoterapêutico — e por isso não é também necessariamente psicodrama.

Incorre-se na mesma confusão quando se toma como assentado que existe um psicodrama terapêutico e outro não, sendo este último mera derivação do primeiro, aplicado a outras finalidades não propriamente (psico)terapêuticas.

É essa diferenciação equivocada que sustenta, no treinamento de psicodramatistas, a divisão tradicional entre psicodrama "terapêutico", privativo de psicólogos e psiquiatras, e psicodrama "aplicado", aberto a profissionais de outras áreas. O "terapêutico" costuma ter um currículo mais completo, enquanto que no "aplicado" se estabelece uma carga horária mais reduzida. A titulação também tende a ser diferenciada, com critérios altamente discutíveis: mais que uma prestigiada instituição chegou a estabelecer, em seus cursos de formação psicodramática, que o título de quem completasse o "terapêutico" seria de psicodramista (como se só o psicodrama fosse terapêutico), enquanto que o aluno que completasse o "aplicado" seria considerado sociodramatista (como se toda aplicação fosse sociodramática).

Já tive oportunidade de me manifestar sobre essa dicotomia, quando discuti em um dos meus livros a relação entre o então chamado psicodrama pedagógico ("aplicado" é seu novo nome de batismo) e o terapêutico. Nessa versão mais antiga — reciclada até mesmo em função da inadequação reiteradamente apontada —, a diferenciação entre terapêutico e pedagógico tinha como explicação o fato de que neste último haveria sempre um conteúdo específico a ser comunicado ao "aluno": uma informação, um valor, uma conduta tida a priori como desejável. Já no terapêutico tratar-se-ia de um sofrimento psíquico ou psicogênico a ser relevado, o que implicaria necessariamente o manejo de situações de maior intimidade do paciente. Em ambos os casos poder-se-ia falar de "crescimento", só que num deles ter-se-ia um padrão associado ao conhecimento de algo, enquanto que no outro seria vinculado ao crescimento pessoal.

Essa separação só subsiste quando se insiste em manter a discussão na superfície e se escotomizam suas motivações ideológicas (por exemplo, a superioridade de certas práticas profissionais em relação a outras) e mercadológicas (por exemplo: corporativismo e reserva de mercado).

Qualquer análise um pouco mais profunda revela que essa falsa dicotomia deveria ser abandonada em favor de uma nova perspectiva: toda vez que se faz teatro espontâneo, os objetivos implícitos são ao mesmo tempo terapêuticos e educacionais.

Impõe-se, destarte, um novo critério na abordagem desse tema, com recurso a novas categorias, para evitar tanto as discussões intermináveis quanto o risco de que a distinção volte a reaparecer, como ervas daninhas, travestida com novos nomes.

As diferentes modalidades

As modalidades de teatro espontâneo mais conhecidas são o *role-playing*, o jornal vivo, o axiodrama, o *playback theater*, a multiplicação dramática, a peça didática (Brecht), o teatro do oprimido e a dramaterapia.

A seguir, apresento algumas dessas alternativas, com o objetivo de mapear o campo, sem a intenção de esgotar o assunto, já que cada uma delas tem uma significativa bibliografia própria. Deixei de lado as duas últimas mencionadas, por estarem mais distantes de minha experiência.

O *role-playing*

Instituída pelo próprio idealizador do psicodrama, essa modalidade de teatro espontâneo tem sido caracterizada como uma estratégia de treinamento de papéis específicos.

As cenas propostas têm a ver, em geral, com esses papéis específicos, tratando de reproduzir situações vividas ou imaginadas, no pressuposto de que, ao representá-las, os treinandos poderão vislumbrar com maior clareza os caminhos e as dificuldades que enfrentarão em situações futuras.

Permite, por outro lado, a vivência plena e autorizada de ansiedades ligadas ao desconhecido, assim como a antecipação de emoções vinculadas a situações de risco previsível. A hipótese é de que essa experiência de antecipação alivia as tensões e prepara emocionalmente para o que está por vir. Os rituais de guerra e de caça dos povos primitivos constituem o paradigma histórico dessa linha de trabalho.

O *role-playing* é o recurso mais utilizado nas situações de supervisão, em que profissionais da área psicodramática buscam incrementar suas habilidades e resolver dificuldades que encontram em sua prática.

Há teóricos de peso que entendem, inclusive, que o *role-playing* (não o teatro espontâneo) é que constitui a base das práticas psicodramáticas, sugerindo que seu aperfeiçoamento e sua utilização como enfoque privilegiado supririam muitas das atuais necessidades do desenvolvimento do psicodrama.

O jornal vivo

Também é outra modalidade experimentada pelo próprio pai do teatro espontâneo, como uma espécie de contraprova para demonstrar a viabilidade estética do espetáculo improvisado.

Caracteriza-se principalmente pela dramatização de notícias veiculadas nos jornais do dia.

A encenação pode ser uma apresentação cênica do fato noticiado, evidentemente recheado com detalhes inevitavelmente acrescentados pelos próprios atores, durante sua apresentação no palco, como acontece nos filmes históricos e biográficos, em que a imaginação do diretor é permitida a título de liberdade poética.

Outra possibilidade é que a notícia seja tomada como a cena embrionária (que substitui o relato de um drama pessoal, no caso do psicodrama clássico), a partir da qual se desenrolará o processo de criação de uma nova história, cooperativamente, envolvendo a equipe técnica, atores e platéia.

As variações em torno desses dois recursos básicos são infinitas, ao sabor da criatividade do diretor e do grupo.

Uma delas é a substituição da notícia de jornal por contos, anedotas, frases de efeito, tiras de histórias em quadrinhos, trechos de livros etc.

Um desses recursos, que acabou por transformar-se numa importante vertente psicodramática, é o bibliodrama, que toma como ponto de partida trechos da Bíblia e é utilizado principalmente no trabalho sociopsicoterápico com conflitos de natureza religiosa no âmbito da tradição judaico-cristã.

Outra possibilidade é que as notícias do dia não sejam retiradas de jornais, mas o próprio grupo se encarregue de montar um noticioso cênico, parodiando os jornais televisivos, com fatos trazidos pelos próprios participantes. A apresentação tanto pode esgotar-se aí como prosseguir, tomando-se uma das cenas como a cena embrionária de uma nova história a ser criada coletivamente.

O caráter de comprovação da viabilidade do espetáculo teatral improvisado corre por conta da escolha feita pelo grupo no momento do evento, do material a ser utilizado como inspirador da criação cênica. Mas o jornal vivo pode ser feito sem essa preocupação, podendo ser mesmo a alternativa de eleição, considerada mais adequada ou desejável em determinadas circunstâncias.

O axiodrama

Como vimos, o axiodrama nada mais é do que um caso particular de sociodrama, em que se propõe a discussão cênica de um tema de interesse coletivo.

O mais comum é que esse tema seja anunciado antecipadamente, o que de pronto seleciona o público, levando ao local apenas as pessoas que se sentem atraídas pelo assunto a ser abordado.

Outra possibilidade é que o tema seja pesquisado na fase introdutória da sessão, a partir de contribuições do público presente, de preferência na forma de pequenas histórias.

Antes de qualquer dramatização, pode-se buscar um consenso inicial a respeito de qual é o tema prevalente, ou então deixar que o teatro vá acontecendo, supondo que o tema, mesmo não consciente e não explícito, pode ir funcionando como fio condutor e estruturando a narrativa.

As apresentações públicas de teatro espontâneo, mesmo quando propostas como um evento de natureza artístico-cultural, trazem implícito um viés axiodramático, pela impossibilidade de se construir coletivamente uma história que não traga implícito um conflito coletivo presente e a respectiva sociodinâmica.

O *playback theater*

O lema do *playback theater* pode ser resumido na frase: viver é contar histórias.

Os criadores dessa modalidade de teatro espontâneo são os norte-americanos Jonathan Fox e sua esposa, Jo Salas. Só depois de estar praticando o *playback* havia algum tempo é que eles tiveram oportunidade de conhecer o psicodrama.

Hoje em dia há vários grupos, no mundo todo, que a ele se dedicam, sendo que muitos preferem autodenominar-se como grupos de teatro espontâneo, uma vez que, na tentativa de preservar sua invenção, Fox a patenteou, o que restringe seu uso a pessoas por ele autorizadas.

No Brasil, quem primeiro demonstrou o *playback theater* foi a sueca Christina Hagelthorn, e o primeiro grupo a se constituir para fazer *playback* escolheu "teatro de reprise" como a melhor designação para o seu trabalho.

Inicialmente, esse nome contornaria as dificuldades relativas ao *copyright*, mas com o decorrer do tempo o Grupo Reprise integrou-se oficialmente ao movimento internacional do *playback theater*.

O que caracteriza o *playback theater* é que se propõe ao público que relate histórias para serem encenadas pelo elenco fixo, que integra a equipe técnica. Não existe, pois, em princípio, uma participação do narrador da história na dramatização, como acontece no teatro espontâneo matricial.

Os atores devem estar muito bem preparados para atuar espontaneamente, interpretando o sentido proposto tanto pelo narrador quanto pelo diretor, buscando a melhor forma estética de fazê-lo para alcançar a melhor comunicação tanto com o narrador (espelhando sua experiência) como com a platéia.

No entanto, alguns grupos de *playback theater* costumam inserir, na parte final de suas apresentações, a possibilidade de elementos da platéia se juntarem aos atores profissionais para viverem a experiência de encenarem histórias contadas por terceiros.

Por outro lado, o formato adotado pelo *playback theater* tem sido utilizado em situações em que não existe o elenco profissional. Pessoas da platéia são convocadas, a cada história, para representarem-na.

Um dos pressupostos é de que ver sua história representada e reinventada no palco permite à pessoa ampliar seu sentido inicial — o que é em si terapêutico. Isso porque, com certeza, na encenação existe um deslocamento de ênfases que acaba se constituindo numa nova visão do mesmo fato, independente de qualquer indesejável "psicologização" eventualmente feita pelos atores.

Em cada sessão se dramatizam várias histórias: a cada história relatada se segue uma encenação. Essa estratégia permite que se aproveitem as ressonâncias de cada bloco narração-encenação, de tal forma que se pode observar que as histórias acabam formando um encadeamento que, como conjunto, conta a história da própria apresentação e retrata o momento histórico do grupo, com suas dores, preocupações, conflitos e peculiaridades sociométricas.

O compartilhamento nem sempre é utilizado e, quando o é, ele ocorre apenas ao final da sessão, depois que todas as histórias foram narradas e encenadas.

Em torno desse modelo básico, muitas formas diferentes de trabalho podem ser constituídas.

Por exemplo, o diretor pode, depois de ouvir a narração, recomendar aos atores que a dramatização se caracterize desta ou daquela maneira: por meio de uma imagem viva, de uma cena simbólica, de um jogo de sons, de marionetes etc.

Essa decisão, a respeito da maneira como a cena será estruturada, pode, entretanto, ficar a cargo dos próprios atores, que combinam entre si como é que vão fazer. A distribuição dos papéis pode ser feita pelo narrador, pelo diretor ou por conchavo entre os atores.

Em geral, quem fez o relato só fica observando, como na técnica do espelho do psicodrama; em algumas circunstâncias, entretanto, o diretor pode pedir que numa eventual reapresentação (quando o narrador demonstra insatisfação com o que viu, por exemplo) ele assuma um dos papéis — o seu, se for o caso — ou mesmo que se crie um prosseguimento fictício para a história, como se faz em geral nas versões mais clássicas de teatro espontâneo.

A multiplicação dramática

Esta técnica deve ser creditada, primeiramente, a um grupo de psicodramatistas argentinos, de tradição psicanalítica e ligados ao teatro. Seu fundamento estético aproxima esse tipo de teatro espontâneo da "obra aberta" de Umberto Eco. Numa sessão normal de psicodrama, após encerrada a dramatização, em vez de propor um compartilhamento verbal, como é de costume, pede-se que cada participante do grupo, com exceção do protagonista, suba ao palco e circule pelo cenário onde se deu a cena que acabou de ser apresentada. Ao fazê-lo, deve identificar e reter uma cena que lhe seja evocada naquele momento, quando sua emoção se conecta com aquele ambiente cênico. Depois que todos fizeram essa tarefa, abre-se a oportunidade para que cada um conte a cena que lhe ocorreu. O protagonista escolhe a seqüência em que gostaria que as novas cenas fossem dramatizadas, seqüência essa que será levada em conta na fase seguinte, quando cada história será então representada. Ao final, faz-se o compartilhamento, que terá em conta o conjunto da experiência vivida nessa sessão. Esse formato é apenas uma das possibilidades.

As novas cenas podem ser suscitadas em momentos distintos de uma primeira dramatização: assim que se monta a cena e a encenação está para ser iniciada; durante a própria representação, interrompida num momento crucial, a critério do diretor, como, por exemplo, na hora em que se evidencia o conflito; nas ocasiões em que o diretor recorreria a uma das técnicas (solilóquio, duplo, espelho, inversão de papéis) para fazer a pesquisa do subtexto, e assim por diante.

A importância dessa técnica é que ela potencializa o sentido da primeira dramatização, aprofundando-o e diversificando-o. Assim como na técnica do *playback theater*, podem-se costurar as diferentes cenas, como se constituíssem um único enredo, que conta a história do grupo, o qual pode, por sua vez, ser considerado representativo da comunidade mais ampla na qual se insere. Essas costuras podem ser muitas, não se pressupondo que exista uma única história a ser contada a respeito do grupo nem da comunidade.

A multiplicação dramática se diferencia de outras formas de teatro espontâneo pelo fato de que não se pretende produzir um único texto como no modelo clássico, nem tampouco espelhar para a platéia suas próprias cenas. Sua proposta é que se produzam muitas cenas, o que proporcionaria, por hipótese, uma multiplicação de sentidos, em movimento exatamente oposto ao do psicodrama clássico que busca, para cada conflito, o seu (único, por suposto) sentido.

Um interessante aproveitamento do método da multiplicação dramática no teatro espontâneo matricial é propor ao público que crie, para a cena que acabou de ser dramatizada, diferentes finalizações. Estas podem até mesmo adquirir o caráter de compartilhamento, constituindo por isso mesmo a terceira fase da sessão.

A multiplicação dramática parte do pressuposto de que todos têm uma cena ressonante, a partir da cena embrionária, que pode ser "real" ou "imaginária", dependendo da orientação adotada pelo diretor. A cena embrionária é apenas insinuativa e não "a" cena, definitiva, como provavelmente seria esperado pelos participantes que, em muitas ocasiões, podem sentir-se frustrados pelo fato de a insinuação não se concretizar. Mas de alguma forma pode se dizer que essa frustração faz parte do efeito desejado.

Por outro lado, é importante assinalar que multiplicação dramática não é o mesmo que multiplicidade de cenas, nem mesmo encadeamento, como costuma acontecer no psicodrama clássico. Na multiplicação trabalha-se com fractais, os chamados fluxos nômades, os fragmentos de cada um, que não se articulam logicamente, numa seqüência que eventualmente possibilitaria a reconstituição de uma cadeia causal.

As contribuições da multiplicação dramática se estendem ao psicodrama num aspecto muito importante: o resgate do sentido do compartilhamento. Com efeito, o que se espera dos participantes quando fazem seus depoimentos após a dramatização é que explicitem suas ressonâncias pessoais, o que facilitaria a descoberta de que o conflito encenado pode ser visto por uma multiplicidade de ângulos e sentidos.

Peça didática

A peça didática é uma criação do dramaturgo alemão Bertold Brecht.

O formato básico deste procedimento é a apresentação, ao grupo, de um pequeno texto — a peça didática propriamente dita, como o próprio criador a batizou. Após tomar conhecimento do *script*, o grupo é convidado a encená-lo, e o faz repetidas vezes, cada vez com diferentes atores, destacados dentre os próprios participantes. Nessas repetições, uma mesma pessoa pode voltar ao palco para fazer um outro personagem que não o que já havia feito, ou então fazer o mesmo personagem, mas numa diferente contracena.

O texto é, em princípio, insuscetível de ser alterado, ou seja, permanece como padrão durante todo o exercício. O que muda são as formas de apresentá-lo — é onde a espontaneidade e a criatividade são necessárias e desejáveis.

Antes de o grupo entrar em contato com o texto, é feito um aquecimento, da mesma forma que qualquer sessão de teatro espontâneo. Entre cada uma das tentativas de representação se faz uma discussão, misto de processamento e compartilhamento. Os que estavam na platéia dizem o que sentiram diante do que lhes foi mostrado, tanto em termos globais quanto em relação à mensagem específica de cada um dos personagens. Os atores fazem seus depoimentos sobre o que pretenderam com a forma como representaram e os sentimentos que acompanharam seu desempenho. Correlações com aspectos da vida pessoal e coletiva, reflexões político-sociais e filosóficas são não apenas permitidas como estimuladas.

Isto porque o objetivo proposto por Brecht é que as diferentes formas de apresentação do texto permitam aos participantes entrar em contato com sua própria realidade e ampliar a sua consciência a respeito da própria vida.

Antes de cada reapresentação discutem-se também as hipóteses de aperfeiçoamento da encenação anterior e de novos ângulos pelos quais o texto pode ser encarado, o que determinaria novos padrões de representação.

Apresento a seguir, a título de ilustração, um dos textos de Brecht, em tradução adaptada aos propósitos deste livro.

Baal malvado e associal

Rua na periferia da cidade. Baal, acompanhado de Lupu, encontra um garotinho soluçando, em frente aos cartazes de propaganda de um cinema obscuro.

Diabo: Por que você está chorando?

Menino: Eu tinha duas moedas para ir ao cinema; aí veio um menino e me tomou uma delas. Foi esse aí (mostra).

Diabo: (para Lupu) Isso é roubo. E como o roubo não aconteceu por voracidade, não é roubo motivado pela fome. Como parece ter acontecido por um bilhete de cinema, é roubo visual. Ainda assim, roubo.

(Para o menino): Você não gritou por socorro?

Menino: Gritei.

Diabo: (para Lupu) O grito por socorro é expressão do sentimento de solidariedade humana mais conhecido. É chamado de grito de morte.

(Acariciando o menino): Ninguém ouviu você?
Menino: Não.
Diabo: (para Lupu) Então tire também a outra moeda dele (Lupu tira a outra moeda do garoto e os dois seguem, despreocupadamente, o seu caminho).
(Para Lupu): O desfecho comum de todos os apelos dos fracos!

Brecht escreveu diversas minipeças como essa, cujas características permitem que os participantes do jogo as recriem, principalmente naqueles aspectos em que elas se mostram incompletas. Vale notar que se trata de um texto aberto, em que muitos detalhes não são explicitados, configurando claros que devem ser preenchidos, ao sabor das necessidades, desejos e imaginação de quem está representando. Funciona como as pranchas do teste de Rorschach, que permitem que o sujeito, ao tentar verificar com o que se parecem as manchas nelas contidas, acabe por nelas projetar sua personalidade. No caso da peça didática, quem se projeta é o próprio grupo, que vai alcançando, a cada repetição, um gradativo aprofundamento na compreensão de si mesmo e de seus problemas.

O objetivo desse teatro é, na sua origem, explicitamente político, de preparação do povo para o advento do socialismo, o que não impede que seja utilizado para outros fins relacionados com a intersubjetividade.

Como em todas as outras modalidades de teatro espontâneo, esse formato é bastante flexível, dando margem a infinitas criações que utilizam como matéria-prima as linhas gerais da própria proposta.

Assim é que tenho experimentado:

A — Propor ao grupo a criação de uma historieta para ser encenada, transformada em texto escrito, no formato clássico de uma peça teatral. O trabalho coletivo vai da concepção do enredo até o aperfeiçoamento da forma dramatúrgica. Num segundo momento, aplica-se o modelo brechtiano de representação, acima descrito.

Essa modalidade de trabalho demanda um tempo muito longo e pode, eventualmente, ser prejudicada pela fadiga do grupo.

B — Propor ao grupo a criação de uma historieta, só que sem a pretensão de escrevê-la. Por meio de sucessivas tentativas de encenação vai-se buscando o aperfeiçoamento do texto que, num dado momento, é considerado terminado: enredo e personagens não podem mais ser modificados. A partir daí iniciam-se as representações, de acordo com o modelo básico. Evidentemente que, nesse caso, as falas apresentam ligeiras variações, aceitáveis, desde que o argumento não seja modificado.

C — Partir de um texto dramatúrgico escrito criado especificamente para uma determinada ocasião, com uma cena que explore o tema que se deseja propor ao grupo. A única diferença em relação ao modelo original do teatro didático é que em vez de utilizar uma peça de Brecht utiliza-se um texto de criação própria.

O exemplo abaixo é um texto preparado para um festival de teatro espontâneo, em que se pretendia inicialmente discutir as relações entre o teatro espontâneo matricial e o *playback theater*. Na elaboração da história, entretanto, a equipe técnica que a inventou evoluiu na direção de um questionamento do papel de terapeuta.

Ninguém pinta como eu pinto

Numa praça, um pintor. Duas pessoas se aproximam:
Pintor — Vamos fazer o seu retrato?
Darci — Eu não. (Dirigindo-se a Tuca.) Vai você.
Tuca (para Darci) — Não, vai você. Você que queria.
Darci — Eu não, vai você primeiro. É legal.
Pintor — E aí? Vamos lá. Quem vai?
Darci — Tá bom, eu vou.
Darci aproxima-se do pintor para que este faça seu retrato.
O pintor arruma seus apetrechos.

Darci — Dá pra me pintar com uma cara feliz?
Pintor — Hum... Hum... Não se mexa.

Depois de algum tempo o pintor mostra o retrato para Darci.

Pintor — Que tal?
Darci — Isso não é parecido comigo não.
Pintor — Eu não sou fotógrafo, eu sou artista. Mas vou fazer um retoque no seu nariz.

Um pouco depois...

Pintor — E agora? Tá bom?
Tuca (apontando para o pintor) — Não parece com você mas está parecido com ele.

Pintor — Você não é assim hoje mas vai ser um dia.

Tuca — Ah, vamos embora.

Pintor — É sempre assim: as pessoas nunca acreditam quando a gente mostra como elas são.

3

O PAPEL DO DIRETOR

A produção de um evento de teatro espontâneo demanda um trabalho de equipe, tanto na fase preliminar quanto durante a própria apresentação.

A composição dessa equipe — tradicionalmente denominada unidade funcional — pode variar, em função de uma série de fatores, dentre os quais se podem mencionar os objetivos específicos, o estilo de trabalho, o número de integrantes, as características das pessoas concretas que a integram, a abertura ou fechamento para incluir novos elementos, os critérios para a atribuição de papéis e assim por diante. No entanto, o único papel que não pode faltar é o de diretor.

Existe uma série de atividades preliminares a uma sessão de teatro espontâneo, que vão desde a logística (preparação do local, material a ser utilizado, comodidades etc.) até o aquecimento prévio daqueles que vão trabalhar.

Durante a sessão propriamente dita, muitas coisas acontecem, delas participando todos os integrantes do grupo concreto, sejam eles membros da equipe técnica ou clientes, os freqüentadores do espetáculo, a quem este se destina.

Para que todas essas atividades ocorram de maneira harmoniosa, é imprescindível que alguém as coordene.

A figura do diretor, no teatro convencional, incorpora essa função coordenadora, com características diferentes daquela que caracteriza o diretor de teatro espontâneo. E a distinção se torna ainda mais acentuada quando o evento de teatro espontâneo tem objetivos mais específicos, tais como no psicodrama e no sociodrama, quando então se adiciona às atribuições do diretor uma função especificamente terapêutica.

Num dos experimentos de que participei, o grupo resolveu observar empiricamente os efeitos práticos de uma hipótese que havia sido levantada, qual seja a de que a existência de uma direção significaria um comprometimento da espontaneidade. Em outras palavras, não poderia haver legítima espontaneidade numa situação em que o comportamento das pessoas estivesse sujeito a um condicionante diretivo, limitador ou disciplinador.

Realizou-se então uma sessão de teatro espontâneo sem diretor. O resultado foi um verdadeiro caos, um jogo dramático que se desdobrava em múltiplas vertentes descontínuas, sem que em nenhum momento se caracterizasse o evento teatral.

A certa altura, configurou-se uma protagonização, mas a atuação desse ator/autor/personagem era muito mais desestabilizada do que suportada pelos demais. As entradas dos outros atores torpedeavam a continuidade do enredo, impedindo que a história fosse contada. Nem se pode dizer que em vez de protagonização se tratava de um bode expiatório.

A trama versava sobre a negação da autoridade, a luta por uma ordenação unificada e consistente, o temor das conseqüências da confusão numa situação de desmandos e de conflitos de comando.

Esse laboratório foi muito importante, permitindo uma ampla reflexão sobre o papel cuja pertinência se questionava.

Com efeito, a acefalia do grupo não é uma tese legitimamente anarquista. O que os pensadores ácratas propugnam é pela validação imediata e constante das lideranças, impedindo a perpetuação no posto e tentando evitar que o desempenho de uma função que seja necessária para o estabelecimento da unidade grupal se converta em álibi para a dominação e para a sujeição da vontade dos liderados.

Tampouco o conceito psicodramático de espontaneidade faz coro com a desorganização, especialmente quando o caos tem efeito paralisante sobre o atingimento das metas do momento. Ou seja, a ordem está, de alguma forma, embutida no espontâneo, sendo indesejável apenas quando o impede e o imobiliza.

Por outro lado, para que se concretize a criação espontânea, no caso do teatro, existe um acervo de experiências acumuladas ao longo dos anos, que aponta alguns caminhos pelos quais se atinge o que se deseja, não havendo, portanto, necessidade de se reinventar a roda a cada apresentação, mesmo quando se adota como referência um paradigma construtivista. O diretor representa, nesse caso, o depositário desse acervo, disponibilizando-o em cada situação concreta, por meio da sua contribuição pessoal ao processo de criação coletiva.

O único papel não dispensável na equipe técnica do teatro espontâneo acaba sendo o de diretor. As demais funções podem ser eventualmente suprimidas ou então atribuídas *ad hoc* aos participantes do evento, ainda que com sacrifício de algumas pretensões mais exigentes quanto à qualidade que poderia ser alcançada. Tanto assim que, por diversas razões, é mais do que comum a "equipe do eu sozinho", composta exclusivamente pelo diretor.

Uma das principais objeções que se levantam à concentração de poderes no papel de diretor tem a ver com uma questão fundamental de filosofia política, qual seja a do autoritarismo.

O psicodrama brasileiro se ressente particularmente desse aspecto, dado que sua história está intimamente vinculada à resistência contra a opressão política de governos militares e civis ditatoriais, daí a verdadeira ojeriza por qualquer estruturação de trabalho que facilite a reprodução, ainda que em âmbito limitado, desse estilo de liderança.

Essa predisposição acaba condicionando formas de trabalho mais permissivas e participativas, com maior divisão de responsabilidades, o que é, em princípio, um efeito positivo e uma condição defensável.

É verdade que também testemunhamos, com muita freqüência, o cacoete de o diretor não poder dar instruções[1] assertivas, do tipo "faça isto!", que poderiam oferecer ao protagonista a segurança de uma mão firme que o ajuda em sua caminhada por terreno perigoso. Essas instruções são substituídas por falas tímidas ou falsas tímidas, do tipo: "Você não gostaria de fazer isto?". Trata-se, evidentemente, de um exagero, incorporado à linguagem, com o risco de cristalizar-se ideologicamente. Nem sempre, porque em algumas situações essa consulta é absolutamente necessária e respeitosa.

---

1. Utilizo o termo "instrução" em vez de "consigna", que é o mais usado entre os psicodramatistas brasileiros, considerando que "consigna" não faz parte do vernáculo português.

A função de coordenação não pode, entretanto, ser dispensada. O que se pode discutir é muito mais a maneira como ela é exercida: aí sim, o estilo controlador dos déspotas esclarecidos pode ser objeto de restrições. Em outras palavras, não se rejeita a autoridade e sim o autoritarismo. Aliás, o que a proposta do teatro espontâneo acaba ensejando, quando levada a cabo com respeito aos seus princípios fundamentais, é a viabilização prática de um dos ensinamentos mais caros da teoria anarquista, que é a revisão constante das relações, para que se possa alcançar uma forma de entrosamento, na atividade coletiva, que garanta a liberdade individual e o interesse comum simultaneamente.

Nesse caso, o bem comum não é definido por uma facção apenas do grupo, qualquer que seja ela, em nome do que quer que seja — nem sequer da eficiência, que se faz bandeira fácil dos opressores de todos os matizes.

Caminha-se, é verdade, por um terreno acidentado, cheio de surpresas e perigos virtuais, mas esse risco é conscientemente assumido pelo teatro espontâneo.

Quando se faz teatro espontâneo psicoterápico, a questão se complica, pela superposição dos papéis de diretor e terapeuta. Este é, via de regra, idealizado como uma pessoa forte, equilibrada, madura, capaz de suportar com altivez os contratempos e os obstáculos que se lhe antepõem, paradigma de saúde mental. No comando de um evento teatral, o diretor está sendo continuamente avaliado com critérios que se aplicam ao terapeuta, sendo-lhe vedado, por conseguinte, impacientar-se, confundir-se, errar, voltar atrás, demonstrar fraqueza e indecisão, comportamentos esses que, equivocadamente, se associam na mente vulgar ao que é psicologicamente disfuncional e, portanto, sinal de enfermidade.

Aliás, uma das propostas teóricas a respeito dessa dualidade é considerar o diretor como o primeiro protagonista de uma sessão de psicodrama. Ele é o primeiro combatente, o primeiro a se expor, o primeiro a comprometer-se. Na medida em que o aquecimento se desenrola, começa a surgir um novo protagonista entre os demais membros do grupo, até que chega um dado momento em que o diretor lhe entrega o bastão. No mínimo, o diretor atrai para si todo o foco nos momentos iniciais, o que é inclusive fundamental para que possa exercer a função catalisadora que se lhe requer. Isso significa uma superexposição que pode ser, contraditoriamente, a um só tempo um afago e uma ameaça de natureza narcísica.

As funções do diretor

A atuação do diretor começa, na verdade, bem antes do aquecimento e da dramatização propriamente dita. Como coordenador do evento, cabe a ele a tarefa de estabelecer e implementar alguns procedimentos e limites de ordem funcional, além de supervisionar as atividades de apoio, para que tudo esteja preparado de forma favorável ao trabalho do grupo.

No teatro espontâneo o diretor incorpora praticamente todas as funções do diretor de teatro convencional — com as devidas adaptações, é claro — e acrescenta aquelas que são peculiares ao tipo especial de arte cênica a que se dedica. Seu papel se assemelha ao do maestro de uma orquestra sinfônica que esteja tocando sem partitura, não apenas improvisando a execução, mas criando a música no momento mesmo do espetáculo.

Mas vai mais além, porque no teatro espontâneo é fundamental a articulação palco-platéia: existe um movimento grupal que deve expressar-se na encenação. Ao diretor cabe catalisar esse movimento, facilitar o processo de tradução cênica de todas as manifestações expressas e latentes e otimizar a espontaneidade do grupo para favorecer a criação conjunta.

Em termos práticos, o diretor deve promover o aquecimento de todos os participantes, aquecimento este que consiste, como condição *sine qua non*, na geração de uma grupalidade e de um projeto dramático até então apenas virtuais. Ao mesmo tempo, tem que instrumentar os membros do grupo para as diferentes tarefas que lhes serão requeridas, especialmente no teatro espontâneo matricial, quando o elenco é também composto de atores não profissionais, pessoas comuns que em princípio não têm nenhuma familiaridade com os recursos de dramaturgia e encenação, podendo desconhecer até mesmo os rudimentos da linguagem dramática.

Ao diretor cabe, nessa hora, transmitir-lhes essas informações, para facilitar o desempenho e a construção de cenas expressivas. Por exemplo, em vez de aceitar que os atores falem de maneira inaudível para a platéia, numa cena em que um está cochichando com seu parceiro, o diretor pode perfeitamente suspender a encenação e mostrar a possibilidade de representar um cochicho em voz suficientemente alta para ser ouvida. E, em seguida, mandar retomar a cena. Ou seja, ele tem como função, entre tantas outras, o ensinar, até mesmo durante a própria encenação, os recursos cênicos disponíveis para seus atores e autores.

Para viabilizar o roteiro, o diretor muitas vezes tem que recorrer aos demais membros do grupo, afastando-se um pouco do protagonista, abrindo a participação sob a forma de sugestões e críticas, além do desempenho de papéis no contexto dramático. Esse recurso, aliás, é de fundamental importância para que a comunidade envolvida no processo de produção do teatro espontâneo se sinta inteiramente participante e adequadamente representada, mesmo não subindo diretamente ao palco. Quando o diálogo do diretor com o grupo flui bem, as manifestações deste acabam constituindo-se em indicadores preciosos para o trabalho.

Ao dirigir a dramatização, aliás, convém que o diretor divida suas atenções entre o que acontece no palco e o que acontece na platéia, porque é esta que vai fornecer-lhe os principais indícios para a validação do que se desenrola no contexto dramático. Como é aos espectadores que se destina o que é mostrado, eles precisam ser cuidados para que possam realmente participar do que está acontecendo, seja pela possibilidade de ver e ouvir plenamente, seja pela oportunização das contribuições que poderiam oferecer.

No trato com o protagonista, fio condutor do processo dramatúrgico, tem que explorar todas as possibilidades cênicas da situação proposta. Para tanto, cabe-lhe investigar os conteúdos emocionais que atravessam a história embrionária e seus desdobramentos, rastrear e estimular fantasias, facilitando e valorizando ao mesmo tempo os movimentos criativos.

Como a pessoa que está no papel protagônico fica sob os holofotes, naquele momento, precisa ao mesmo tempo estimulá-la a se expor verdadeiramente e protegê-la dos excessos que eventualmente poderiam causar danos. Trata-se de um equilíbrio dinâmico, somente alcançável quando se estabelece, a nível grupal, uma relação de caráter télico.

Simultaneamente, deve estimular e cuidar da contracena. Os demais atores vão trazer suas respectivas contribuições, na medida em que, espontaneamente, vão desempenhando os papéis complementares, sem ater-se sequer ao *script* do próprio protagonista, com sua história inicial ou com as expectativas dela decorrentes e a ela vinculadas. Esse modelo de contribuição representa, novamente, um movimento contraditório, dado que ao complementarem as ações do protagonista ratificam o foco lançado sobre ele e ao mesmo tempo ensejam uma redistribuição do peso que recai sobre seus ombros.

A co-direção

Tão complexa é a tarefa do diretor que deu origem a uma prática alternativa, que é o exercício desse papel, em conjunto, por mais de uma pessoa, duas em geral, numa composição conhecida como co-direção.

60

Os esquemas de co-direção variam em seus detalhes. Há casos em que não existe entre os co-diretores nenhuma diferenciação de papéis. Eles correm todos os riscos e preferem fazer as intervenções necessárias ao sabor do momento: quem estiver mais aquecido e mais seguro entra em ação, ficando o outro temporariamente em recesso, até que se sinta em condições de entrar no jogo, num revezamento praticamente aleatório. Quando os parceiros estão engrenados, essa solução pode funcionar bem, sem que se atropelem e sem que uma eventual competição venha a comprometer sua atuação.

Outros co-diretores preferem prevenir-se contra os riscos de se atrapalharem um ao outro, combinando algum tipo de alternância ou de distribuição de funções. Por exemplo, um diretor de aquecimento e um diretor de cena; um diretor que dá os comandos e um diretor assistente, com o qual apenas se conferencia; um diretor de cena e um diretor de vídeo (quando se faz filmagem). Ou então, um dá uma instrução e o outro a seguinte.

É muito comum que os co-diretores, acompanhando uma prática tradicional no psicodrama, se consultem, à margem, cochichando, a respeito do que fazer. Tenho preferido que o diálogo entre os membros da equipe técnica seja público, audível a todo o grupo, que pode assim acompanhar o que seria uma conversa de bastidores e comprometer-se com as decisões que vão sendo tomadas.

Nossa experiência tem desaconselhado o recurso à co-direção. Em primeiro lugar porque não há necessidade, salvo nos casos de insegurança exacerbada, que exige alguma forma de efetivo apoio. Apesar de todas as dificuldades, o diretor que se coloque dentro da vertente criativa, juntamente com o restante do grupo — em tele, portanto —, pode perfeitamente dar conta, sozinho, de sua tarefa.

O estabelecimento de uma boa parceria de direção representa mais uma fonte de complexização da tarefa. Por mais que os parceiros sejam maduros e estejam disponíveis para a construção de uma relação franca e respeitosa, é inevitável a interferência do fator competição. A competição pode não se evidenciar de forma direta, até pelos cuidados tomados, mas pode insinuar-se, sorrateiramente, e aparecer das formas mais surpreendentes possíveis.

É bom que se diga que mesmo que não haja a proposta de co-direção, o ajustamento de um time exige todos os cuidados mencionados acima. No entanto, a energia extra que demanda esse modelo funcional, para que se ajuste e se equilibre produtivamente, poderia ser canalizada para o aperfeiçoamento do próprio desempenho pessoal de cada um dos parceiros. Especialmente se, como diretriz filosófica, o diretor incorporar a idéia de que seu trabalho é principalmente o de um facilitador, que participa da co-criação mas não responde sozinho por ela. Em outras palavras, a busca de entrosamento e de cooperação se estende a todos os participantes, nos seus mais diferentes papéis, uma condição que existe independentemente de se ter um ou mais diretores.

Por outro lado, a estética do espetáculo pode ser construída a partir de uma atuação do diretor marcada pela discrição, pelo pouco destaque dado a sua figura. Quando se tem uma dupla direção é muito difícil — embora nada seja de fato impossível — que isso aconteça.

O espaço do diretor

O processo de aquecimento do grupo para o teatro espontâneo inclui, como resposta a uma necessidade praticamente fundamental, a familiarização com o espaço onde as coisas vão acontecer.

Recomenda-se que o diretor também se proporcione essa experiência, antecipadamente, de modo a poder trabalhar num local em que se sinta à vontade, como se fosse o seu próprio hábitat, ainda que transitório.

Mas essa exigência esbarra numa questão muito interessante.

No teatro convencional, o diretor não aparece aos olhos do público, pelo menos de rotina. Seu trabalho principal se dá nos bastidores, na fase de montagem e ensaio. No teatro espontâneo — e esta é uma diferença importante — o diretor é uma figura de destaque que, em alguns momentos, tem que funcionar como um animador de programa de auditório e, em outros, tem que reduzir sua visibilidade ao máximo, para favorecer a focalização nos atores.

Entretanto, em função da necessidade de apoiar afetivamente o protagonista, auxiliando-o na pesquisa das emoções e no aproveitamento cênico das fantasias a elas vinculadas, muitas vezes o diretor se vê na contingência de permanecer no tablado, lado a lado com o protagonista, acompanhando de perto sua encenação.

Essa presença costuma ter pelo menos dois efeitos não muito desejáveis. O primeiro é que o diretor acaba se mantendo em evidência mais do que seria conveniente, por estar dentro do campo visual dos espectadores. O segundo é que ele contribui, ainda que involuntariamente, para a poluição da cena, na medida em que circula no palco sem ser personagem da história que está sendo contada, invadindo, portanto, o cenário e confundindo-se com os personagens.

62

A outra alternativa é que o diretor desempenhe seu papel fora do espaço cênico, situando-se num local em que possa ter uma visão do conjunto, de tudo o que se passa, mas de preferência fora do campo visual do protagonista. Esse local não precisa ser necessariamente fixo, uma vez que o desempenho do papel muitas vezes demanda uma movimentação constante do diretor, que busca sempre o melhor ângulo de observação da cena, a cada momento. A localização mutante fora do palco seria mantida, nesse caso, enquanto a cena estivesse se desenrolando. O diretor só se aproximaria do protagonista, então já no espaço cênico, para exercer sua função apoiadora, nos momentos de interrupção da cena, quando ele tem que intervir para providenciar a continuação da mesma e, para isso, tem que se comunicar tanto com o protagonista quanto com o restante do grupo.

Mesmo com esse recurso, o destaque do diretor como animador de cena será sempre inevitável, no teatro espontâneo. Se ele não quiser roubar a cena e chamar demasiadamente para si as atenções gerais, terá que adotar uma cuidadosa vigilância, qualquer que seja sua definição quanto ao melhor espaço físico a ocupar durante a dramatização.

As intervenções

Parece óbvio que a questão da evidência do diretor, durante a sessão de teatro espontâneo, tem a ver com o tipo de participação que dele se requer.

Em princípio, uma vez feito o aquecimento específico, a dramatização deve prescindir de qualquer interferência dele, que deverá acompanhá-la cuidadosamente, atento não apenas ao que acontece no palco, mas também às reações da platéia.

Contudo, sua intervenção é exigida em algumas circunstâncias:

– quando ocorre uma quebra na seqüência cênica, com o protagonista ou algum dos que com ele contracenam saindo dos respectivos papéis;

– quando o protagonista, mesmo mantendo-se formalmente no papel, procura o diretor e lhe pede ajuda, ainda que apenas com o olhar;

– quando a cena se torna repetitiva, sem evolução do enredo;

– quando alguma manifestação da platéia (tumulto localizado, desconcentração, dispersividade, sonolência, distração, conversas paralelas etc.) implique a necessidade de suspender a dramatização para verificar, com mais detalhes, o que está ocorrendo;

– quando a evolução do enredo exigir a entrada de um novo personagem;

– quando se torna necessário dar alguma instrução a um ator auxiliar.

Todas as interferências do diretor terão como objetivo o desenvolvimento da cena, descartando-se a hipótese de o diretor pesquisar sentimentos do protagonista apenas para fins de informação (anamnese paralela à cena) ou de esclarecimento à platéia.

Dentre as múltiplas interrupções de cena feitas pelo diretor, algumas têm como objetivo apenas verificar alguma ocorrência ou dar alguma instrução.

Quando o que se exige é mais do que isso, levando-o ao plano da pesquisa de subtextos, o primeiro recurso é a utilização das chamadas técnicas básicas do psicodrama, quais sejam, o solilóquio, o duplo, o espelho e a inversão de papéis. É bom lembrar que essas técnicas são, via de regra, aplicáveis apenas ao protagonista, que é o eixo da produção dramática. A atuação dos demais atores é objeto de outro tipo de intervenção, mais direta e mais assertiva, na forma de orientações verbais para o desempenho dos respectivos papéis.

Muitas vezes, exige-se que o diretor busque recursos adicionais, estabelecendo com o protagonista um diálogo no qual busca subsídios para a continuação da cena. São as chamadas entrevistas com o protagonista, que podem acontecer em qualquer fase da encenação, desde o aquecimento específico até os atos de finalização.

As entrevistas e as instruções

Quando corta a cena, o diretor geralmente se dirige ao protagonista, que centraliza o processo de criação coletiva. Como este acumula três papéis que se sobrepõem, o de personagem central da trama, o de ator e o de autor, isso enseja três pares alternativos de interlocução, ou seja, o interlocutor do diretor é diferente, em cada caso:

diretor → personagem
diretor → ator
diretor → autor

Na primeira hipótese, ele pode, por exemplo, estar interessado em verificar os sentimentos do personagem diante de algum detalhe da cena, sentimentos esses que porventura não estejam sendo explicitados e que, para tornar a cena mais forte, seria interessante que o fossem. Nesse caso, ao comunicar-se com o protagonista, dirige-se ao personagem, tendo em mente que os sentimentos deste se dão sempre no corpo do ator: uma angústia, uma ansiedade, um medo, uma raiva e assim por diante, quando sentidos pelo ator, pertencem, por empréstimo, ao personagem que ele está representando. A segunda situação ocorre tipicamente quando o protagonista sai do papel e quebra a seqüência da cena. A fala do diretor se dirige ao ator, para investigar o que foi que aconteceu: uma emoção, uma sensação, uma fantasia, uma recordação, uma dificuldade. Isso porque, como é óbvio, se o ator não está no papel, o personagem está fora de cena temporariamente e não pode ser alcançado pela fala do diretor.

Na terceira, se a cena patina e não vai bem, porque esvaziada de afetos ou por ter se tornado estereotipada, o diretor tem que se entender com o protagonista e com ele discutir uma nova alternativa para dar continuidade à dramatização. Neste caso, ele não fala com o personagem nem com o ator, mas com o autor, o co-dramaturgo.

Assim que, nessa pesquisa, os sentimentos e fantasias são identificados, eles são imediatamente incorporados à cena, que recomeça com esses novos insumos. Esses achados se integram aos papéis, dando-lhes, como conseqüência, mais força emocional.

Nas entrevistas tanto com o personagem quanto com o ator ou o autor, o diretor não pode perder de vista que o seu múnus é o de responsável pela encenação. Essa consciência é importante porque estrutura o sentido de sua fala.

Um dos grandes desafios é formular corretamente as perguntas e instruções. Isso porque, em função de algum viés profissional ou de uma tendência própria de nosso momento cultural, o diretor pode enredar-se em confusão, fazendo perguntas que caberiam mais numa anamnese psicológica ou histórico-social do que numa pesquisa de informações necessárias à continuidade do enredo que está em processo de invenção.

Existe, por exemplo, um tipo de pergunta que tem relação mais direta com a construção da história, do tipo "como é que esta história continua?", ou "qual é o passo seguinte nessa história?".

Outras maneiras de perguntar, embora voltadas para a construção da cena, têm com ela uma relação remota e dependem de algumas mediações para que sejam realmente úteis.

Um exemplo desse caso é a pergunta: "O que é que você está sentindo?". Ela pode ser bastante útil, mas dá margem a uma rotulação dos sentimentos, oferecendo, por conseguinte, o risco de constituir-se em

65

fator de desaquecimento, justamente o contrário do que se pretende. Pode ensejar, por outro lado, o aparecimento de um bloqueio comunicacional ou uma dificuldade (que pode ser inclusive momentânea) de dar nome à emoção dominante, o que pode ter como conseqüência um aumento de tensão.

Se houver sucesso na pergunta e o protagonista for capaz de explicitar o sentimento, uma nova indagação, do tipo "qual é a cena que lhe ocorre?", deve seguir-se, para fazer a ponte entre a primeira e a dramatização que se pretende prosseguir, sob pena de a resposta ser jogada no lixo, ensejando uma nova pergunta, talvez com o mesmo resultado.

Existe a alternativa de o diretor, em vez de fazer perguntas, optar por sugerir alguma forma de ação, e nesse caso o caminho seria diferente. Em vez de, por exemplo, pedir ao protagonista para "mentalizar um movimento", pode pedir para "executar um movimento". É o caso da seqüência "procure dar-se conta de seu sentimento" (não é preciso verbalizá-lo); "permita que ele se amplie, até que surja um impulso de movimento"; "obedeça ao impulso e execute o movimento".

Muitas vezes, essa busca de alternativas junto ao protagonista pode não surtir efeito. É o momento em que a audiência deve ser acionada. Os espectadores (além dos atores auxiliares, é claro) podem oferecer sugestões muito ricas e cumprir nesse momento, mais uma vez, o seu mister de co-autoria da história que se encena. Esse é um aspecto difícil da direção, dada a freqüência com que a platéia se dispõe muito mais a "interpretar" o que está acontecendo ou utilizar uma "técnica" do que a colaborar na formulação do enredo, o que exige do diretor muita firmeza e clareza dos objetivos de sua consulta.

As cenas temidas

O que o diretor pode temer que aconteça durante seu trabalho?

Dadas as exigências próprias do seu papel, poderíamos elencar as seguintes preocupações principais:

1. Descontrole e caos, ou seja, que o grupo vá por descaminhos que o líder não seja capaz de evitar, até o ponto em que o grupo se perde na ansiedade e se caotiza, sem que o diretor seja capaz de intervir para restabelecer uma ordem produtiva e reasseguradora.

2. Como o diretor está muito em evidência e existe uma expectativa de que ele conduza o grupo por águas tranqüilas, com muita competência e espontaneidade, seu desempenho estará sob constante julgamento dos

participantes, que podem gostar ou não, confiar ou não, colaborar ou não, dependendo do veredicto que vão formulando paulatinamente. A imagem do diretor pode sair arranhada — ou pelo menos tão exitosa como ele gostaria que fosse.

3. A situação do grupo pode evoluir para um ponto em que todos os movimentos fiquem bloqueados, tanto na dramatização quanto no contexto grupal. A cena fica sem possibilidade de avançar nenhum passo, por pequeno que seja. A platéia não consegue viabilizar sua participação e colaboração. E o diretor paralisa, não sabe mais o que fazer. Não vira caos, mas nada mais acontece de relevante, consistente e, muito menos, criativo.

4. Em vez de caos ou paralisação, acontece exatamente o contrário. E, lá pelas tantas, o protagonista faz uma descoberta surpreendente, para a qual o diretor não estaria preparado, apesar de esse poder ser até mesmo seu maior desejo. Não sabe o que fazer com isso. Nesse ponto, tudo se desmancha.

5. O grupo até que vai bem, está disponível, colabora, acolhe o diretor e o respeita como seu líder. De repente, o diretor fica bloqueado. Não lhe ocorrem idéias a respeito de como prosseguir, tenta dar alguma instrução para ganhar tempo, mas nem essa lhe ocorre. Logo descobre que não está conseguindo sequer falar. Olha para o grupo pedindo socorro e...

Conclusão

O diretor trabalha sempre numa situação volátil, em que nunca se pode ter certeza do que vai acontecer no momento seguinte. As surpresas nem sempre são desagradáveis ou desestabilizadoras. Mas isso gera a necessidade de o diretor estar em estado de permanente atenção e criatividade. As propostas de ação que faz ao grupo devem ser geradas no momento mesmo da direção. Como frase paradigmática de efeito, costumo dizer aos meus alunos e supervisionandos que o diretor não pode dar instruções para nenhuma atividade que dure mais do que os próximos trinta segundos. Em outras palavras, mesmo que tenha idéia de um roteiro a ser seguido, só deve anunciar um passo por vez, sem comprometer-se com a seqüência, pois poderá ser obrigado a reformular já o passo seguinte, em função do que ocorra no momento.

Não é possível, então, planejar o que vai acontecer numa sessão de teatro espontâneo? É claro que sim, se o planejamento for flexível, contemplar apenas as linhas gerais. Em geral, o formato a ser utilizado pode ser escolhido com antecedência, uma vez que, respeitados os princípios básicos do teatro espontâneo, suas diferentes modalidades podem dar conta da singularidade de cada grupo ou de cada sessão.

A direção, no teatro espontâneo, tem que se preocupar simultaneamente com um espectro considerável de variáveis. É uma tarefa que exige muita competência, o que pode ser demasiado, por exemplo, para um diretor principiante, que corre um alto risco de perder-se em meio a tantas demandas. Daí ser indispensável um treinamento cuidadoso dos futuros diretores, formação que inclui um aprofundamento nas questões teóricas e filosóficas e, principalmente, uma intensa prática assistida, um desenvolvimento artesanal de habilidades artísticas respaldadas por um sólido conhecimento científico.

4

OS ATORES:
O PROTAGONISTA

Uma das contribuições da retomada das pesquisas em teatro espontâneo que considero mais importantes é a revitalização do conceito de protagonista, por meio da interação teoria-prática.

A psiquiatrização crescente do psicodrama, fenômeno de inegável importância histórica, vinha inexoravelmente direcionando os olhares para os fenômenos individuais, na esteira das outras correntes psicológicas. Legava ao abandono o tênue e incipiente vislumbre, contido na proposta original, de que existiria um filão bastante promissor na investigação e no tratamento realizado sob a ótica do sujeito em relação.

Com isso, cada vez mais protagonista e paciente/cliente passaram a ser tomados como termos equivalentes, a tal ponto que, de forma quase automática, se passou a adotar a meta-regra "onde se lê x leia-se y".

Os corolários dessa tese nem chegam a ser surpreendentes. Como no sociodrama o sujeito é o grupo, passou-se a considerar que nesse tipo de trabalho não se pode usar protagonista (protagonista=paciente=sujeito). Na seqüência, definições frágeis do tipo: no psicodrama, onde o sujeito é igual a paciente que é igual a protagonista obrigatório, se trabalha no "como se", enquanto que no sociodrama só se trabalha com a "realidade".

Na hora de se fazer teatro espontâneo, a mesma coisa. Se o teatro espontâneo não é (psico)terapêutico, não pode trabalhar com protagonista. Daí a orientação de permitir várias cenas simultâneas, sem busca de continuidade no(s) enredo(s), estratégia capaz de driblar o fenômeno protagônico.

O reacender das investigações sobre os vínculos entre psicodrama e teatro, por meio do teatro espontâneo, veio trazer novas luzes: o protagonista é o personagem central de uma trama. Tecnicamente, pode se identificar essa categoria de personagem nos textos de ficção literária, nas óperas, na dança erudita, nas novelas televisivas, no teatro. Em outras palavras, sempre que se conta uma história, existe um personagem axial, a estrela sociométrica, em torno do qual giram os fatos relatados.

Uma das possibilidades mais interessantes do teatro espontâneo é que, uma vez que a história que se constrói no palco pode ter como caráter central uma pessoa presente, essa mesma pessoa pode representar seu próprio papel. Ao fazer-se personagem de si mesmo, construindo uma nova história no "como se", a pessoa (ator) pode viver uma experiência *sui generis*, capaz de provocar impactos transformadores em sua própria vida. E esse veio é o mais explorado na prática psicodramática.

O que se tem descoberto é que essa não é a única alternativa. O personagem de ficção, num teatro espontâneo, inspirado na vida e na história de uma das pessoas presentes, pode muito bem ser representado por outro ator (profissional ou não) que não a pessoa em questão. O protagonista é o personagem, não o comediante.

Por outro lado, é possível que se tenha uma narrativa no teatro espontâneo que não seja necessariamente inspirada num fato da vida "real" de nenhum dos participantes em particular. Ainda assim ela terá um protagonista, que não será a pessoa do ator que o desempenhará.

Por essa perspectiva, o protagonista tem uma função basicamente dramatúrgica, ou seja, é o personagem de uma história que tem a função, na estrutura narrativa, de centralizar e articular os acontecimentos.

Como no teatro espontâneo tem-se como princípio que o ator empresta seu corpo ao personagem, sendo que o corpo é depositário de sua história e de suas experiência pessoais, com certeza as emoções vivenciadas nesse corpo, durante a representação, vão colorir e inspirar o texto que está sendo inventado. Nesse momento, realiza-se a tese proposta pelo criador do teatro espontâneo, logo em suas primeiras experiências, que é de que o ator se desnude em seu personagem, em vez de esconder-se atrás dele.

Só que essa experiência de viver uma nova história por meio de um papel ficcional não é apanágio nem exclusividade do ator protagônico:

todos os demais atores, integrantes da cena, têm o mesmo privilégio. E a intenção do teatro espontâneo é que o tipo de participação oferecida a todo o grupo e a força estética do espetáculo ampliem o universo dessa experiência para abranger todos os presentes e não apenas o elenco.

Essa diferenciação entre protagonista/personagem e ator/pessoa pode servir de fundamento a uma re-apreciação dos sentidos da dramaturgia sociopsicodramática, assim como da estruturação dos eventos sob o signo do teatro espontâneo.

O que é protagonizar?

O protagonista no teatro espontâneo é o personagem que sintetiza o conflito grupal. É ele que permite a expressão/revelação desse conflito, em linguagem analógica, na cena que se constrói.

Evidentemente que seu papel não tem sentido se não se expressar em sua natureza — por definição — relacional, ou seja, é preciso que as relações sejam levadas ao palco e demonstradas. O conflito psicológico do personagem protagônico reflete o conflito presente nas relações interpessoais e que é contado pela história criada no momento.

Isto não significa que cada integrante do grupo ali presente vive o mesmo conflito psicológico do personagem. Pode até acontecer que nenhum dos presentes esteja vivendo, na sua vida "real", esse conflito, da mesma forma que o personagem protagônico. Mas com certeza cada um estará vivendo o mesmo conflito, cada um ao seu modo, pelo seu ângulo singular, dependendo do papel que assume na teia relacional.

Ou seja, o que caracteriza um conflito comum não é a clonagem emocional e a semelhança da dor, mas sim o fato de que todos fazem parte do mesmo jogo.

O texto, no teatro espontâneo, é criado por todo o grupo, cada um com sua contribuição particular. Assim, por hipótese, o conflito viria à tona mesmo sem que a direção recorresse à estratégia de explorar o personagem protagônico como eixo da produção dramática.

O que acontece é que essa estratégia tem um potencial enorme, do qual sabemos aproveitar apenas um pouco, e tem se demonstrado mais eficiente do que outras, um poderoso instrumento para fazer emergir o conflito e avançar na busca de alternativas de superação.

Entretanto, uma das constatações que temos feito é de que essa estratégia só pode ser efetivamente útil quando se consegue evitar derrapar num detalhe de extrema importância: a participação do grupo não é apenas complementar, ela é essencial. Por grupo se entende aqui o conjunto dos participantes, sejam eles membros da equipe técnica ou da massa que compareceu ao evento. A ênfase recai, reativamente, na contribuição da platéia.

Mas não podemos ter, diante do fenômeno protagônico, uma postura ingênua. Se partimos do pressuposto de que o personagem em questão se faz porta-voz do grupo, temos que ter claro que essa é apenas uma das possibilidades, sendo extremamente importante que outras também sejam consideradas.

Pode acontecer, por exemplo, que o conflito se polarize exatamente entre o protagonista e a platéia. Ao dissentir do restante dos companheiros, o membro divergente se faz, paradoxalmente, porta-voz do grupo, evidenciando um conflito que eventualmente estaria disfarçado numa unanimidade defensiva. Este fenômeno é tradicionalmente descrito como o "bode expiatório".

O que se diz tradicionalmente é que nem sempre a pessoa que está em evidência num dado momento da vivência grupal pode ser alçada à condição de protagonista, porque o destaque ocorre por conta de estar sendo alvo da agressividade grupal — ou de qualquer mecanismo perverso equivalente. Tomá-lo como protagonista poderia ser perigoso, na medida em que se facilitaria a exacerbação da destrutividade da qual se faz alvo naquele momento.

A grande diferença entre o verdadeiro emergente e o bode expiatório é que em torno do emergente se cria um clima emocional positivo, de aceitação, apoio, solidariedade, cumplicidade, desejo sincero de ajudar. No caso do "falso" emergente, o clima é negativo: acusação, responsabilização, desejo de que resolva seu problema para não aborrecer mais, competitividade, abandono e, principalmente, utilização como depositário das fezes coletivas.

O termo "bode expiatório" é originário de rituais religiosos da Antigüidade, que consistiam em escolher dentro do rebanho (nem é preciso lembrar que se trata de cerimônia relativa à cultura pastoril) o melhor animal, segundo critérios aceitos pela comunidade (um cordeiro tenro, de um ano de idade, com a pele sem manchas, o mais valorizado), e sacrificá-lo no altar da divindade cultuada. Esse sacrifício tem um sentido vicário, na medida em que o animal morre para expiar as culpas de todos os integrantes da comunidade. Na tradição cristã, Jesus é o cordeiro de Deus, cujo sangue derramado purifica o mundo de seus pecados.

Na sociodinâmica, o papel de bode expiatório é assumido por um dos membros de um grupo, em geral um dissidente que apresenta um comportamento passível de ser tomado como inadequado, moralmente condenável ou enquadrável em qualquer espécie de patologia. As relações do grupo com esse seu membro são essencialmente ambivalentes: é condenado e protegido; é um pobre coitado mas ao mesmo tempo um crápula; é um incapaz que não se esforça o suficiente para superar sua incapacidade; aposta-se na sua recuperação mas se ela ocorrer vai desestabilizar o grupo, pelo que é importante que se cure mas não muito; e assim por diante.

Em tese, todo grupo tem seu bode expiatório, seu patinho feio. "Todo mundo tem um irmão meio zarolho; só a bailarina é que não tem", diz a música de Chico Buarque.

Pode-se tomar um eventual bode expiatório, num grupo sociopsicodramático, e levá-lo ao palco para ser protagonista?

A recomendação tradicional é que não, pois seria apenas uma oportunidade a mais de apedrejá-lo. Ele exporia sua intimidade para ser desrespeitado pelo grupo que, ao invés de acolhê-lo, só iria vilipendiá-lo.

Entendo que esta posição pode ser revista.

O grupo pode ser revelado a partir de uma posição simpática ou de uma posição antipática, tudo depende de como o diretor conduz a dramatização.

É verdade que é muito mais fácil trabalhar em consonância com a "verdade oficial" do grupo, até porque em nome dela é muito mais fácil conseguir a co-participação e a continência indispensáveis ao bom andamento do psicodrama.

O que não se pode esquecer é que se o papel de bode expiatório é um fenômeno da sociodinâmica e se esse fenômeno está ocorrendo aqui-e-agora, pode ser de fundamental importância que ele seja desvelado e que o grupo possa assumir suas responsabilidades sobre ele, sobre os contrapapéis que desempenha e que sustentam o formato dessa relação.

Tudo depende de como o diretor conduz a dramatização. Sim, porque o teatro espontâneo oferece, em princípio, os recursos indispensáveis à transformação; pode até ser que não tenha nenhum discurso verbal, de modo que sua emergência ocorra por manifestações expressivas corporais ou comportamentais, ou por qualquer tipo de ruptura.

Escolha do protagonista

Nos anos iniciais de minha prática como psicodramatista, inclusive os de minha formação, a grande ansiedade ao dirigir era acertar na escolha do protagonista.

Na época, nem se discutia: quem deveria detectar o emergente grupal e convidá-lo a subir ao palco era o diretor.

Sequer se cogitava da hipótese, que mais tarde acabou virando regra, de a escolha ser feita explicitamente pelo grupo, praticamente sem responsabilidade do diretor, mero condutor do processo.

No entanto, um dos pressupostos que nunca deixaram de presidir a escolha é de que qualquer erro poderia ser fatal, ou seja, uma opção equivocada comprometeria toda a seqüência do trabalho.

Mais recentemente, desenvolveu-se a idéia de que se poderia, tecnicamente, corrigir essa falha, na medida em que, durante a dramatização, ficasse evidenciado o surgimento do "verdadeiro" protagonista. E aí, novamente, a responsabilidade na identificação desse fenômeno caberia ao diretor. Teria de ser uma decisão ousada: passar a considerar o novo protagonista como eixo da dramatização, deixando de lado o anterior, de preferência de forma suave, não traumática nem decepcionante para o "descartado", recolhendo o aval do grupo pelas manifestações, verbalizadas ou silenciosas, de apoio ao re-direcionamento do enredo.

Mais ousado ainda seria reconhecer que a rota estaria incorreta e suspender a dramatização pura e simplesmente, recorrendo ao grupo para um novo aquecimento e uma retomada — praticamente desde o início — da sessão.

Atualmente, com os desenvolvimentos teóricos a respeito do fenômeno da protagonização, especialmente dentro de uma visão holístico-sistêmica do grupo, vem tomando corpo a hipótese de que, a rigor, qualquer membro pode representá-lo (e não apenas um "verdadeiro" protagonista), uma vez que a parte — qualquer parte — sempre contém o todo.

Nesse caso, caberia ao diretor propiciar as condições para que essa expressão ocorra da forma mais nítida e envolvente possível, ou seja, se o aquecimento específico for bem-feito, qualquer um pode ser protagonista.

É verdade que, se se tem um emergente bastante nítido, alguém que já no contexto grupal se faz porta-voz do grupo, pode ser efetivamente mais fácil transformá-lo em protagonista, no contexto dramático, porque se teria uma continuidade natural de um fenômeno já evidenciado.

Mas essa facilidade não pode ser estabelecida como exclusivista, porque quando a emergência não é tão evidente, ainda assim as coisas devem e podem acontecer.

Podemos identificar duas fases no processo de escolha do protagonista:

74

– a definição do emergente grupal (no contexto grupal);
– sua transformação em protagonista (no contexto dramático).

Neste momento, estamos falando apenas da primeira fase, ficando a segunda para ser discutida oportunamente, dentro de outro contexto. A escolha da pessoa que vai subir ao palco para desempenhar o papel protagônico pode ser feita de várias maneiras.

A — Identificação do emergente grupal

No período de aquecimento da sessão, um dos participantes do grupo se destaca dos demais por alguma razão.

Por exemplo, quando se utiliza alguma modalidade de aquecimento verbal, o tema trazido por um dos membros do grupo polariza as atenções dos demais. Sua fala pode versar sobre assunto relativo ao contexto social ou grupal, pode estar centrada num tema da vida privada ou coletiva. O que importa é que atrai a atenção e o interesse do grupo, criando-se em torno de seu discurso um clima emocional específico que por si só já o credencia a subir ao palco na condição de personagem central da história a ser criada e representada.

A acolhida que o grupo oferece a quem traz o tema tende a ser calorosa, receptiva, apoiadora, simpática. Mas também pode acontecer que alguém seja transformado em objeto de críticas, recriminações, ataques verbais, cobranças ou equivalentes. Nesse caso, como vimos nas considerações a respeito do fenômeno do bode expiatório, recomenda-se um cuidado maior para evitar que uma eventual protagonização apenas aprofunde a crise do grupo, sem que se avance na compreensão do sentido da agressividade grupal. Ou, pior, que não se alcance o patamar da co-criação, objetivo máximo de uma sessão psicodramática.

Mas o destaque pode acontecer, também, de forma não-verbal: uma recusa direta ou indireta à participação; uma ruptura na harmonia e no equilíbrio das atividades de aquecimento propostas; uma manifestação visível de não-entrosamento; um sofrimento que se estampa na fisionomia, no corpo ou numa alteração do comportamento usual; enfim, qualquer indício de dissonância.

Cabe ao diretor, primordialmente, identificar esses sinais e, com base neles, convidar a pessoa a subir ao palco e assumir o papel protagônico. Quando, por alguma razão, o diretor não consegue fazer essa identificação, por falta de evidências notáveis e confiáveis, ou então por um cochilo de sensibilidade, ele pode lançar mão do recurso de consultar o grupo.

B — Eleição sociométrica

É importante ressaltar que quando o diretor faz a escolha do emergente, essa decisão se fundamenta na sociometria do grupo, observada com um olhar treinado e atento. Poder-se-ia dizer que, para fazer sua opção, o diretor inverte seu papel com o grupo, coloca-se no lugar deste e em seu nome dá o passo necessário. Há riscos altos nessa alternativa, evidentemente, mas como veremos nenhuma delas foge disso.

No entanto, a estratégia utilizada pode ser uma proposta ao grupo para que ele mesmo faça, diretamente, sua escolha.

Antes de mais nada é preciso fazer uma diferenciação entre eleição sociométrica e escolha por maioria de votos.

Neste último caso, propõe-se que os membros do grupo manifestem sua preferência, cada um utilizando o seu próprio critério. Os candidatos podem apresentar-se voluntariamente ou ser indicados pelo grupo. Tanto faz que a escolha se manifeste verbal ou corporalmente, por aplausos ou por cédulas na urna: o que caracteriza o método é a quantificação das preferências explicitadas. Esta hipótese ganhou força, historicamente, por se considerar que uma escolha unânime ou por maioria tem o sabor de uma decisão democrática. Só que essa idéia está contaminada por um vício grave, em termos de teoria política, porque se recusa a tomar conhecimento das posições minoritárias, que em geral têm coisas importantes a dizer sobre o contrato social vigente e as transformações em gestação. A identificação de democracia com maiorias circunstanciais é uma sutil e potente armadilha ideológica.

A escolha sociométrica, porém, vai além do mero conceito de maioria. Talvez seja essa uma das principais contribuições da socionomia ao pensamento sociopolítico.

Em primeiro lugar, porque o critério que deve presidir as escolhas é objeto de negociação e acordo. Depois, porque leva em conta as reciprocidades de escolha, considerando-as mais significativas que a mera popularidade (maior número de escolhas positivas).

O mais importante na escolha sociométrica é que ela acolhe a dissonância, a marginalidade (menor número de reciprocidades) ou a popularidade (maior número de escolhas negativas) como fator relevante para a compreensão da dinâmica grupal.

Nesse caso, a definição sociométrica de um protagonista passaria preferentemente pela discussão dos movimentos afetivos grupais, em vez da apuração da preferência majoritária.

A rigor, quando o diretor banca a sua escolha, supõe-se que tenha conseguido, de fato, identificar esses movimentos afetivos grupais e, por meio deles, o membro do grupo que nesse momento testifica mais eloqüentemente essa dinâmica.

A consulta ao grupo tende a tornar menos arriscada essa escolha e, por isso mesmo, traduz-se em maior segurança para o próprio diretor. Entretanto, há situações em que essa maneira de trabalhar acaba fazendo o tiro sair pela culatra. O caso mais comum é quando o diretor propõe a escolha por votação e o grupo insiste em oferecer-lhe um empate, ou, no mínimo, uma diferença pouco convincente. Trata-se, evidentemente, de uma mensagem cifrada, muitas vezes difícil de ser decodificada. À falta dessa tradução, os procedimentos subseqüentes costumam ser penosos e pouco satisfatórios.

C — Potencial cênico

O diretor também pode escolher o ator protagônico a partir de um olhar mais especificamente teatral, exercendo sua preferência pelo membro do grupo que, aos seus olhos, apresente um maior potencial cênico: por estar mais espontâneo, por demonstrar maior disponibilidade para atuar no palco, por características pessoais histriônicas ou "clownescas",[1] pela habilidade de improvisação, pelas contribuições apresentadas durante o aquecimento e assim por diante.

Para a construção de uma cena improvisada, o caminho mais curto e mais suave pode ser trabalhar com um ator/membro do grupo que apresente uma facilidade maior de dramatizar. Sua soltura poderia motivar os demais membros do grupo a participar da encenação, oferecendo-lhes inclusive um modelo inicial de representação espontânea (uma das funções normalmente atribuídas aos atores auxiliares, membros da equipe técnica do teatro espontâneo). Esta hipótese pode ser vista também por outro ângulo, que é a consideração de que, a rigor, qualquer membro do grupo expressa, de alguma forma, a dinâmica grupal.

É claro que, em termos de intensidade e clareza, pode haver diferenças, sendo que os critérios tradicionais (conforme os itens anteriores) privilegiam a expressividade do membro escolhido.

O inovador, nesta nova proposta, é a utilização de um outro critério, o da teatralização.

É evidente que, em termos de aquecimento específico, os caminhos são diferentes, tanto no caso desta última hipótese quanto das anteriores, inclusive quando a escolha possa não ter sido a melhor, dentro do critério utilizado.

---

1. Do inglês *clown*, palhaço, ridículo, capaz de fazer rir. Modalidade de arte cênica.

D — Escolha prévia

Essa perspectiva, de que qualquer membro do grupo pode protagonizar, variando apenas a forma de aquecimento específico, permite compreender que alguns diretores trabalhem com protagonistas definidos por antecipação. A primeira vez que presenciei esse procedimento foi num psicodrama dirigido por Zerka Moreno. Para introduzir o protagonista que ela já havia escolhido, relatou ao grupo que havia sido procurada, na ante-sala do auditório onde iria realizar-se a sessão, por uma moça que lhe contara um problema que vinha enfrentando e que gostaria de poder trabalhar. Zerka, a seguir, convidou publicamente essa pessoa para que subisse ao palco e fosse a protagonista.

Esse procedimento se assemelha a relatos que aparecem na literatura psicodramática, que dão conta de situações em que o protagonista é escalado de uma sessão para outra.

Em ambos os casos, favorece-se a compreensão de que o evento psicodramático não se restringe à sala em que o grupo se reúne, iniciando-se, a rigor, bem antes, nos movimentos ainda dispersos e caóticos do grupo em gestação (quando se trata de um evento singular, como uma sessão pública ou um *workshop* de curta duração) ou então faz parte de um processo (quando o grupo tem uma história mais prolongada e a sessão é uma das muitas que a integram).

O fenômeno protagônico ganha, assim, uma nova dimensão, proporcionando ao diretor uma flexibilidade muito maior e, conseqüentemente, maior espontaneidade no desempenho de suas tarefas.

E — Definição cênica

Nesse caso, a dramatização começa sem definição do protagonista. A cena é montada com a estratégia de propor tarefas coletivas, que vão desde a montagem do cenário por consenso grupal, o jogo lúdico com os apetrechos do camarim, a invenção de uma história no sistema "quem conta um conto aumenta um ponto", até chegar a uma encenação inicialmente pouco estruturada, mas que permite que o protagonista vá se evidenciando na medida em que a cena se vai desenrolando. Numa certa altura, definido o papel protagônico, o diretor o assume e passa a proceder como de rotina.

F — Afunilamento

Por meio de um jogo comum ou de um jogo dramático, faz-se um processo de escolha por fases, em cada uma das quais se vão eliminando os candidatos que não passam pelos critérios estabelecidos no próprio jogo, ficando os outros para a fase seguinte. Assim, sucessivamente, até que se chegue a uma única alternativa. Esta estratégia é um caso particular de eleição sociométrica, só que de forma menos direta.

É muito comum que nesse processo de afunilamento se chegue a uma etapa semifinal, em que a decisão é delegada aos candidatos remanescentes, aos quais se propõe algum tipo de procedimento que os ajude nesse mister.

G — Escolha indireta

São vários os recursos possíveis dentro dessa rubrica. Alguns deles:

- o grupo identifica um sentimento dominante ou interessante, sendo que o membro do grupo que apresentou esse sentimento acaba sendo o escolhido;
- o mesmo processo, porém com uma história, em que o narrador é eleito protagonista;
- num jogo dramático criam-se vários personagens e um deles é escolhido como o personagem central da história a ser criada, sendo que o que faz esse personagem é o protagonista;
- também é possível escolher-se o sentimento, a história ou o personagem e a protagonização ser deferida a outra pessoa que não a que os tenha trazido.

Como em todos os outros processos, o que conta é a criatividade do diretor, uma vez que não existe limite para a invenção de novas formas de trabalho. Inclusive, todas essas formas podem ser combinadas entre si, potencializando ainda mais o número de alternativas à disposição do diretor.

O importante na escolha do personagem protagônico é que:

- a pessoa escolhida para representá-lo não se sinta coagida a fazer um papel para o qual não esteja disponível;
- o grupo sustente a escolha feita, apoiando afetiva e efetivamente a pessoa que vai representá-lo, desde o início até o fim;
- o diretor consiga sustar a protagonização sempre que as duas condições anteriores não estiverem sendo cumpridas.

Na hipótese de que se tenha que intervir numa protagonização que se esvaziou ou que não se legitimou na prática (sinais desse fenômeno são detectáveis na cena ou no auditório), é possível:

- interromper pura e simplesmente a dramatização;
- reorientá-la numa nova direção, indicada pelo próprio protagonista ou pela platéia;
- centralizar o processo num novo protagonista que se evidencie espontaneamente.

Com certeza, muitas dessas práticas já integram o repertório da maioria dos profissionais da área. Sua enumeração, aqui, tem objetivos tanto didáticos quanto de registro histórico.

Por outro lado, quero chamar a atenção para o fato de que a ênfase teatral que se procura dar a esses procedimentos pode iluminar melhor o caminho a ser percorrido pelo diretor de teatro espontâneo, seja ele psico ou sociodramatista, terapeuta ou educador.

Se a experimentação nesse campo for intensificada, com certeza dentro de poucos anos o psicodrama e o sociodrama terão cara nova, aprofundando-se o seu potencial de ajuda e transformação, solidificando-se as suas bases teóricas.

5

OS ATORES: OS AUXILIARES E A PLATÉIA

O teatro espontâneo permite uma revisão dos procedimentos clássicos do psicodrama no que diz respeito aos papéis complementares no momento da encenação.

Dois pressupostos tradicionais podem ser discutidos.

O primeiro afirma que o ator que atua na contracena deve restringir-se à caracterização do personagem feita por quem está desempenhando o papel principal, ou seja, o protagonista. No decorrer da dramatização, aí sim, pode introduzir alguma modificação no papel, desde que solicitada ou pelo menos autorizada pelo diretor. Este é, em última análise, o responsável pelo andamento da sessão e, por isso mesmo, o ator deve, pelo menos em princípio, seguir as instruções dele.

O segundo pressuposto é o de que a contracena deve oferecer ao protagonista alguma luz a respeito do seu comportamento e da articulação deste com os seus sentimentos. Assim, o ator que desempenha um papel complementar deve introduzir, sutilmente, ou talvez nem tanto, algum recado interpretativo, para que o protagonista se dê conta de alguma coisa.

Ambos esses pressupostos têm como pano de fundo a idéia de que o protagonista está em crise psicológica, sendo importante que por intermédio da cena se delineie com clareza sua real situação e o tipo de conflito que está gerando sofrimento, para que se possa, ato contínuo, fazer algo para solucioná-lo.

Ao ator que vai desempenhar em cena o papel das figuras relevantes do mundo psíquico do protagonista cabe a missão de facilitar o diagnóstico e ministrar o medicamento.

A concepção que está na base do teatro espontâneo é um pouco diferente. O sofrimento tanto do ator protagônico quanto do personagem que ele encarna (eventualmente esse personagem pode ser ele mesmo) não decorre de nenhum distúrbio da personalidade, nem de um defeito de fabricação, nem de um trauma historicamente localizável, tampouco da miséria de ter se tornado vítima de progenitores algozes ou quem tenha feito suas vezes, muito menos ainda de sua incapacidade de reagir às demandas da vida de maneira adequada.

A dor tem função a vital de alertar para algum tipo de ameaça à integridade do organismo. Se levarmos essa analogia para o corpo social, no plano das relações interpessoais, poderemos trabalhar com a hipótese de que o indivíduo que está sofrendo representa a parte do corpo onde se localiza a dor. O conflito pessoal é o dedo que aponta para algo que está acontecendo num outro organismo que não o individual: o grupo. O membro do grupo que se fez *locus* do sofrimento deve ser, por hipótese, aquele que devido a sua história pessoal, às condições peculiares de sua individualidade e a fatores condicionantes do momento é o que apresenta as melhores condições para constituir-se no "órgão de choque" daquela coletividade.

Por outro lado, como os grupos específicos são, por sua vez, parte de uma comunidade mais ampla, eles também são sensíveis ao que acontece nesse âmbito maior, o que possibilita que um mesmo fato social tenha ressonância em vários grupos ao mesmo tempo, mobilizando reações que podem ser diferenciadas mas que se referem sempre a uma experiência compartilhada.

Acresce que todo esse movimento tem mão dupla, porque o todo é constituído pelas partes, que por sua vez são constituídas pelo todo.

Assim, a pesquisa cênica do teatro espontâneo pode ser feita a partir do personagem protagônico, expandindo-se para o grupo como um todo, em vez de centralizar-se no indivíduo que faz esse personagem, escarafunchando a sua intimidade. O movimento é centrífugo e não centrípeto.

Em função desse postulado, o que se requer dos atores que participam da encenação juntamente com o ator protagônico é que façam suas respectivas complementações a partir de sua própria experiência pessoal, tanto a histórica como a do momento. Supõe-se que, por meio desse recurso, se consegue uma reconstituição analógica do conflito social subjacente, sendo que a vivência de co-criação da cena tem em si um efeito transformador, abrindo horizontes para soluções criativas e solidárias para as dificuldades de convivência.

Assim, estimula-se a "fidelidade" ao papel proposto. Se o personagem é um garçom, espera-se que o ator que o representa atue como garçom, o garçom que tem interiorizado e que pode ser recriado naquele momento, em função do que efetivamente estiver acontecendo em cena. O garçom não será nunca um psicoterapeuta travestido de garçom. Qualquer espécie de psicologização do contrapapel é considerada inadequada, porque acabaria distorcendo a construção da "realidade", introduzindo o viés de um olhar que impõe categorias muito específicas e, portanto, limitantes.

O personagem complementar deve, pois, autocaracterizar-se, facilitando dessa forma a expressão do co-inconsciente que, de alguma maneira, também está se manifestando por intermédio do personagem principal.

Essa liberdade de atuação que se atribui aos atores é um dos principais fatores que favorecem a espontaneidade e a criatividade. Enquanto a cena está acontecendo, com força emocional convincente e com a história se desenvolvendo, não há necessidade de nenhuma interferência do diretor: os atores praticamente dirigem de forma solidária a encenação a partir dos seus respectivos papéis.

Um dos indicadores de que a espontaneidade está sendo perdida em cena é a necessidade sentida pelos atores, seja o principal, seja qualquer dos auxiliares, de que o diretor venha em seu socorro e interfira nos rumos da dramatização.

O ego-auxiliar

O termo "ego-auxiliar", historicamente utilizado para nomear o papel do ator que contracena com o protagonista, tem sido objeto de reflexões que quase sempre culminam com a proposta de alterá-lo.

O pressuposto do psicodrama tradicional é que o protagonista se encontra, em cena, fragilizado e evidencia algumas limitações em sua capacidade de gerir sua própria vida, diante das circunstâncias específicas que inspiram o enredo do drama em construção no palco psicodramático. Como tal, necessita de um apoio muito específico, semelhante ao que a mãe proporciona ao filho pequeno: como ele não tem o ego ainda bem formado, porque não incorporou suficientemente os papéis que é chamado a desempenhar, a mãe empresta a ele o seu ego adulto, o que lhe possibilita não apenas a solução do problema imediato como também o aprendizado do papel correspondente.

Essa analogia, conquanto defensável, num certo sentido, tem demonstrado suas limitações, ao longo da história do psicodrama e, principalmente, com a incorporação de ensinamentos oriundos da prática mais recente do teatro espontâneo.

Por um lado, o nome "ego-auxiliar", originalmente atribuído ao membro da equipe profissional (unidade funcional) que subia ao tablado com o protagonista, passou a ser utilizado, por extensão, aos membros do grupo em geral, sempre que participam da encenação.

Ora, nem sempre o desempenho desses atores oriundos da platéia pode ser considerado exatamente um trabalho com características de maternagem. Não apenas por certo "despreparo" para essa função específica, como, principalmente, porque o que eles têm a oferecer é talvez muito mais rico do que a "psicologização" do conflito protagônico, uma vez que podem completar o quadro delineado pelo protagonista a partir da mera complementaridade dos papéis em jogo. E isso pode ser verdade ainda quando essa complementação possa ser considerada "pobre", "inadequada" ou "patológica", por oferecer uma plataforma mais próxima da "realidade", da qual podem decolar novas fantasias e novos sentidos.

Por outro lado, a experiência demonstra que, se alguma ajuda técnica pode ser oferecida para ampliar o alcance da dramatização, essa ajuda tem que vir na forma de um alavancamento da criação cênica e dramatúrgica. Ou seja, se o ator que faz o contrapapel pavimenta o caminho para que os sentimentos e fantasias do protagonista se transformem em ação dramática, isso é mais importante do que a interpretação psicodinâmica por meio do papel complementar, ou mesmo do que a instigação a adotar um determinado comportamento considerado, *a priori*, como mais adequado ou necessário (como por exemplo, "botar a raiva pra fora" ou substituir um comportamento de fuga por um de ataque em situação de medo).

Assim, alguns autores têm sugerido que se use apenas o nome "ator auxiliar", ou simplesmente "ator", quando o papel é desempenhado indiferentemente por profissionais ou por membros do grupo, ou ainda "auxiliar" ou "ator profissional", quando se trata de membro da equipe técnica.

Essa nova postura facilita, inclusive, a superação de uma corruptela, praticamente um vício de linguagem, que é chamar indistintamente a todos atores ou figurantes de "egos".

Atores profissionais

Como membro da equipe técnica, o ator profissional fica à disposição para entrar em cena sempre que necessário. Muitas vezes acontece que o desenrolar da dramatização não exige sua presença, pelo que acaba permanecendo na posição de observador, a todo tempo aquecido para atuar porém sem oportunidade para tanto.

Esse aquecimento permanente é fundamental. O ator fica fora da cena, imaginando-se o tempo todo como um personagem complementar, preparando-se para ser aquela pessoa que o protagonista menciona com ênfase ou de passagem, ou então alguém não mencionado mas que poderia trazer mais vida para a história que está sendo elaborada. Experimenta mentalmente funcionar como duplo do protagonista, fazer o seu espelho ou ainda desempenhar o papel protagônico numa eventual inversão de papéis.

Mesmo que esse aquecimento se frustre, o simples fato de ele acontecer cria no grupo uma área de alta sensibilidade, capaz de captar fractais e fluxos nômades, além do clima global do espetáculo. A ressonância afetiva correspondente acaba sendo importante para o desenvolvimento do trabalho.

Algumas unidades funcionais procuram tirar melhor proveito dessa situação, transformando o auxiliar numa espécie de assistente do diretor. Sua função seria municiar o diretor com informações pertinentes, a partir do que esteja experimentando durante esse preaquecimento.

Essa disponibilidade pode sugerir que se lhe acrescente uma nova tarefa, a de ser uma espécie de olheiro do diretor, observando com maior atenção o que se passa nos setores mais marginais do contexto grupal. Esse procedimento deve ser encarado com certa cautela, em virtude do risco de a direção ficar contaminada pela valorização desproporcional de alguns detalhes que lhe sejam comunicados, quando muitos outros que, em tese, teriam o mesmo valor e importância não lhe chegam aos ouvidos. Estabelecer-se-ia nesse caso uma falsa hierarquia, em que fatos comunicados pelos auxiliares ganhariam importância maior que outros que não mereçam idêntico destaque. Talvez seja preferível, diante desse quadro, trabalhar sem essa informação, garantindo certa harmonia no conjunto, do que aproveitá-la com o risco de desequilibrar o todo.

Pode acontecer, nessa hipótese de o auxiliar incorporar a função de assistente do diretor, o inconveniente de ambos virem a conferenciar em *off*, durante o transcorrer dos trabalhos, o que pode configurar uma situação eventualmente persecutória para o protagonista ou para os demais participantes, ou, no mínimo, deselegante.

Por outro lado, deve-se evitar que essa função de assistente acabe desembocando numa co-direção, o que muda na essência o tipo de aquecimento, uma vez que uma coisa é preparar-se para entrar em cena e atuar e outra é preparar-se para dirigir de fora da cena.

O auxiliar profissional desenvolve suas habilidades no sentido de aproveitar, em cena, todos os seus sentimentos e fantasias, veiculando-os por intermédio do personagem que estiver desempenhando. No extremo, um critério para aferir o quanto esse objetivo estaria sendo atingido é que, num eventual compartilhamento, ele não tenha nada a acrescentar ao que foi manifestado pelo personagem. Ele tem uma consciência clara de sua missão, que é de alavancar o protagonista ou a cena. Isso faz com que sua atuação tenda a ser discreta, sem atrair para si os holofotes, sem brilhar demais para não ofuscar os outros atores. Sua forma de representar deve ser convincente e servir como estímulo à espontaneidade dos demais, não descambando para funcionar como um modelo inatingível de competência histriônica. Tem um olho no protagonista e outro no diretor, procurando concretizar a idéia de time de produção e co-criação.

Atores da platéia

Os membros da platéia podem subir ao palco para atuar como personagens requeridos pela cena. Dessa forma, eles não apenas representam papéis, mas contribuem para a construção da história que está sendo contada.

No psicodrama clássico, esses atores costumam ser escolhidos pelo próprio protagonista, que se guia por critérios afetivos (escolher pessoas que com certeza irão reassegurá-lo ou despertar determinadas emoções previsíveis) ou de semelhança entre os atores potenciais e as pessoas da vida "real" nas quais se inspiram os personagens da história a ser contada cenicamente. Não é preciso dizer que esses critérios acabam suscitando, em algumas ocasiões, algum tipo de constrangimento, ou porque se atribui a alguém o papel de vilão ou porque, como é comum acontecer em grupos que se reúnem regularmente, determinadas pessoas são sempre chamadas para desempenhar os mesmos papéis, o que termina por estigmatizá-las.

O teatro espontâneo, sem abandonar essa alternativa, procura enfatizar uma outra possibilidade, que é a de que os atores se apresentem voluntariamente.

Aliás, esse oferecimento não se dá apenas para papéis já definidos no esboço de *script* elaborado durante o aquecimento específico, mas principalmente para novos personagens, idealizados pela própria pessoa que se oferece para participar da encenação.

O privilégio à participação dos atores da platéia é a marca registrada do teatro espontâneo.

Justifica-se essa preferência, por um lado, pela oportunidade que se oferece aos participantes de vivenciarem uma situação criativa, que requer exposição e espontaneidade. Por suposto, essa experiência tem efeitos positivos para o próprio indivíduo em questão.

Além disso, em termos de qualidade da produção dramatúrgica, considera-se que o enredo tramado a múltiplas mãos possui uma riqueza expressiva muito maior do que aquela que representa a perspectiva de uma única pessoa, no caso o protagonista (a rigor de duas, porque não se pode desprezar a importância fundamental que o diretor tem nesse tipo de criação).

É bem verdade que tanto o diretor quanto os demais membros da equipe integram a mesma comunidade da qual o grupo ali presente representa uma amostra. Suas contribuições também podem ser muito importantes e podem ser consideradas tão válidas quanto as dos demais membros do grupo. Só que em termos de definição de objetivos, o que se propõe é que eles sejam apenas os facilitadores da expressão e da criação dos convidados.

No afã de cumprir esse desígnio, pode-se cair na tentação de pretender que todos os integrantes do grupo possam, em algum momento, fazer parte do elenco. Com o ensejar constrangimentos e comportamentos contrafóbicos, essa orientação de trabalho pode comprometer a estética do espetáculo, que é um dos objetivos que não se podem perder de vista quando se tem uma proposta de natureza artística ou, se quisermos, artístico-terapêutica.

Platéia

Aliás, um dos pontos mais importantes a ser pesquisado, no campo do teatro espontâneo, é exatamente esse: como garantir a participação geral sem que todos vão ao palco. É o grande desafio, por exemplo, na direção de grandes grupos.

O problema não é tão grande na hora do aquecimento. Com um pouco de criatividade pode-se conseguir um repertório de atividades das quais todos participem, mesmo que o espaço físico não seja muito apropriado, ou por ser pequeno demais ou porque conta com poltronas irremovíveis que condicionam e restringem a livre movimentação.

No teatro convencional, todo o espetáculo é preparado para prender a atenção dos espectadores, inclusive levando em conta que essa atenção é necessariamente flutuante e que há necessidade de se fazer alguma coisa para, em certos momentos, baixar o nível de tensão a que a própria história pode levar. Recursos dessa natureza parecem inimagináveis numa apresentação de teatro espontâneo, salvo por algumas intervenções do diretor que não se dirijam à encenação mas ao público.

De qualquer forma, essa intervenção deve ter como objetivo não apenas garantir que todos estejam bem-comportados, atentos e relaxados, porque o desiderato é mais amplo: garantir que mesmo os que não estejam no palco efetivamente participem da construção coletiva.

Um dos recursos mais utilizáveis é a transformação da platéia em parte da encenação, tomando como modelo o coro do teatro grego. O público pode cantar, vaiar, bater palmas, criar clima com percussão ou sonidos vocais.

Outra possibilidade é consultar o público a respeito dos rumos que a cena poderia tomar, especialmente quando se tem uma situação de impasse ou de desaquecimento. O risco da consulta verbal é desestabilizar a própria dramatização, transformando a sessão, pelo menos naquele momento, em uma oportunidade para elucubrações teóricas, interpretativas, exibicionismos e quetais.

A evitação desses inconvenientes passa pela utilização de uma outra estratégia, altamente recomendável, que é a de promover uma razoável rotatividade de atores, permitindo que, mesmo com um número reduzido de personagens, várias pessoas passem pelo mesmo papel, desempenhando-o cada qual com seu estilo próprio, trazendo as mais variadas contribuições.

Pode-se inclusive estimular o público a que, da mesma forma que os atores profissionais da equipe, conserve uma postura de permanente aquecimento para subir ao tablado, cada um imaginando-se no lugar de algum ator, fazendo um personagem qualquer, ao seu critério.

Para se conseguir do público o indispensável comprometimento com a cena é preciso que ele esteja incluído o tempo todo no que acontece: diretor e protagonista não podem nunca ficar de costas para a platéia, nem mesmo na entrevista inicial; tudo o que se faz e o que se fala no palco deve ser visível e audível, cabendo ao diretor cuidar para que essa condição seja permanentemente garantida; e, sobretudo, o diretor deve estar em constante alerta, observando a cada momento as manifestações do público, para incorporá-las e integrá-las ao espetáculo.

A platéia se comunica pela postura, pelo clima emocional, pelo tipo de acompanhamento que faz do que acontece no palco, pela concentração ou dispersão, pela união ou desunião e assim por diante. A pronta investigação dessas ocorrências, quando elas não falam por si, é uma das melhores armas para se conseguir a participação desejada. Muitas vezes um mero cochicho entre dois espectadores pode fornecer a chave para a compreensão do que está acontecendo.

No entanto, uma das falas mais eloqüentes da platéia aparece nos momentos em que se recusa a colaborar com o protagonista ou com o diretor. Em geral, a tendência dos diretores é acolher os "nãos" como um direito individual de cada participante, com todo o respeito que merece. Buscam, em seguida, quem se disponha a dizer "sim", para que o trabalho possa prosseguir na linha em que vinha sendo conduzido. No entanto, essa manifestação individual de desconforto ou indisposição deve ser tomada a sério, como um indicador grupal de que, num outro nível, algo muito importante está acontecendo. Não se trata de um genérico desaquecimento nem de um distúrbio localizado e desprezível. Há que ir fundo, investigar e levar à cena essa metamensagem.

Por outro lado, o diretor de teatro espontâneo tem que levar em conta que a função espectadora é imprescindível para o bom andamento da experiência: alguém tem que garantir o "como se", postando-se no outro pólo da relação. Um pólo crítico, ativo e tão criativo como aquele que se localiza no palco. E, nesse caso, não importa muito a adequação ou inadequação de suas interferências: elas têm que ser acolhidas e canalizadas de maneira produtiva e quem tem que facilitar isso é o diretor. Com a ajuda de sua equipe, com certeza.

6

AQUECIMENTO:
A CAMINHO DA CRIAÇÃO

O aquecimento é apresentado, em geral, como a primeira fase de uma sessão. Todo diretor sabe, entretanto, que ele é mais do que isso, porque na medida em que é condição *sine qua non* para o ato espontâneo, constitui uma necessidade permanente, ao longo de todo o trabalho. A falta de aquecimento costuma comprometer a disponibilidade e o desempenho dos atores, a continuidade da narrativa, a qualidade dramática, a participação da platéia, a inspiração da equipe e assim por diante. Mesmo quando se tem uma continuidade formalmente normal, há uma sensação geral dominante de algo amarrado, truncado, incompleto, de frustração, de falta de criatividade, espontaneidade, emoção, envolvimento e comprometimento.

Assim, cabe ao coordenador da sessão observar sempre a quantas anda o aquecimento e tomar as providências no sentido de que ele seja retomado quando necessário.

Não se trata, porém, de um procedimento simplesmente mecânico. A comparação com o preparo físico do atleta para entrar numa competição é válida, mas ela responde por apenas uma parte do significado do aquecimento.

O preparo que se exige no teatro espontâneo implica principalmente a integração de todos os participantes na tarefa comum. Quando eles se

91

reúnem, trazem o corpo impregnado das atividades recém-descontinuadas, ainda estão vinculados a um outro universo, suas emoções registram uma outra experiência que não aquela na qual estão prestes a entrar, seus contatos humanos eram com outras pessoas, num outro espaço. O sistema "sessão de teatro espontâneo" ainda está em fase de estruturação. O aquecimento tem esse sentido, de construir um novo campo de forças.

Uma das conotações do conceito de momento, que se encaixa na teoria psicodramática, é a de uma unidade de criação. Que vem a ser isso? Sempre que um processo criativo se inicia, uma porção de forças dispersas começam a se concentrar, orientadas para determinado ponto, que é o ato de dar à luz algo novo. A interação dessas forças só se desfaz após atingido o clímax. O momento corresponde a esse período que cobre essa trajetória. Coincide com a duração do *locus nascendi*.

Pois bem, o ingresso dos participantes nesse momento é o seu *Warming up*, e compete ao diretor promover que essa passagem se dê da forma mais rápida e completa possível.

Porém, como o momento está sendo constantemente atravessado por outras forças, sua integridade vive sob ameaça, mormente se considerarmos que as pessoas que se encontram reunidas estão ali de passagem, que suas vidas são normalmente polarizadas por outros espaços, outras tarefas, outras gentes. Assim, é muito fácil que ocorra o fenômeno da dispersão: mesmo de corpo presente, os participantes podem ser atraídos para outros lugares e outras relações, seja porque a força do momento está débil, seja porque a intensidade emocional os ex-pulsiona.

Daí a clássica definição: aquecer é encontrar o ponto ótimo de tensão. Nem tão pouca que não consiga estruturar o sistema, nem tão intensa que o desintegre. Garantir esse ponto ótimo é que é o desafio.

Nunca é demais ressaltar que aquecer não é o mesmo que excitar, pois não existe criatividade na hipomania. Se um exercício proposto leva as pessoas a um estado de euforia agitada, com certeza o clima necessário para o teatro espontâneo não foi alcançado. Nem se trata de superaquecimento, podendo ser caracterizado mais como um pseudo-aquecimento, porque não se chegou a um ponto ótimo de tensão. Por isso, antes de propor qualquer atividade com esse objetivo, é importante avaliar o clima do grupo e escolher uma alternativa que responda à necessidade do aqui-e-agora.

Rito de passagem

Os estudos antropológicos nos indicam o valor que as diferentes culturas atribuem à transição de um estado para outro. Tomemos o exemplo da adolescência. Como se trata de uma fase em que o indivíduo deixa de ser criança para ingressar na vida adulta, muitas culturas investem pesado no treinamento de seus membros para assumirem as novas responsabilidades e celebram esse evento com festividades de conteúdo altamente simbólico.

O aquecimento, no teatro espontâneo, tem um sentido semelhante, uma vez que os membros do grupo devem fazer a transição de uma situação anterior para uma nova, o evento propriamente dito.

Algumas práticas têm esse significado, muito embora nem sempre sejam suficientemente valorizadas: fechar a porta e não deixar mais ninguém entrar, fazer um cumprimento coletivo, dar início formal à sessão.

O grupo de teatro espontâneo "El pasaje", de Córdoba (Argentina), costuma acender velas num castiçal triplo e deixá-las ardendo até o término da sessão. O ato de acendê-las, ao início, e de apagá-las, ao final, é efetuado como numa liturgia.

Explicitando o projeto

No jargão psicoterápico, utiliza-se o termo contrato para fazer referência às regras que presidirão um novo relacionamento terapêutico, e que devem ser comunicadas pelo terapeuta. A rigor, não se trata de um contrato, uma vez que as regras do jogo são estabelecidas unilateralmente e apresentadas muito mais como informação do que como proposta. A consulta ao paciente sobre se concorda ou não é pura formalidade de um contrato por adesão. Em todo caso, existe certa unanimidade em torno da recomendação de que as regras sejam explicitadas tão cedo quanto possível.

No caso específico do teatro espontâneo, a tarefa que se propõe difere de tudo o que os participantes em geral estão acostumados a fazer ou a ouvir falar: não é todo dia que se participa de um teatro interativo improvisado. Daí que seja fundamental que as pessoas não sejam convidadas a fazer nada antes que saibam com quem estão falando (quem faz parte da equipe e com que papel) e o que é que se pretende. Sem esses dados, fica difícil estabelecer uma relação de confiança, porque a incerteza leva naturalmente as pessoas a se resguardarem e a detectarem a porta pela qual poderão sair, em qualquer emergência. Um grupo resistente é aquele que ainda não encontrou boas razões para se deixar conduzir pelas mãos do diretor.

Nesse primeiro momento, portanto, os participantes de uma sessão de teatro espontâneo devem ser informados a respeito do que é o teatro espontâneo e o que é que se vai fazer; se existir um tema prefixado, deve ser relembrado; se não, devem saber que serão responsáveis por sua definição.

Por outro lado, devem ficar sabendo que haverá um protagonista, que todos são atores virtuais, que ajudarão na construção do enredo, que serão assessorados pela equipe, que a expectativa não é de que tenham desempenho cênico com a competência de um ator profissional, que deverão dirigir-se ao diretor sempre que desejem entrar em cena, que deverão passar pelo camarim para receber um adereço que ajude a identificar o personagem que vão representar; quanto tempo se espera que durem os trabalhos e assim por diante.

É interessante notar que nos grupos que se reúnem regularmente, as regras vão sendo estabelecidas e modificadas pouco a pouco, de tal forma que um grupo chega a diferir completamente de outro, dirigido pelo mesmo diretor. Em função disso, as normas formuladas pela equipe devem ser mínimas, abrangendo apenas aspectos que a experiência demonstre que são essenciais para o bom andamento do projeto.

O projeto do trabalho, num sentido mais amplo, deve estar bastante claro para a equipe, que vai compartilhá-lo com o público; ele diz respeito aos objetivos e à natureza do que se pretende fazer. É ele que vai determinar, num primeiro momento, o tipo de aquecimento que vai ser levado a efeito. Se a idéia for fazer apenas um jogo dramático, o aquecimento exigido será bem diferente do que seria para uma dramatização. Se existir um tema previamente definido, isso também será importante na escolha do tipo de aquecimento.

Ter um projeto não significa, entretanto, escravizar-se a um roteiro. Este pode sofrer modificações determinadas pela própria criatividade, respondendo mais de perto às necessidades concretas do grupo do que o que foi planejado com antecedência. Sobre essa flexibilidade, os participantes também devem ser informados.

Alguns diretores preferem, inclusive, fazer uma pesquisa verbal, logo ao início dos trabalhos, para aferir as expectativas dos membros do grupo em relação ao que vai acontecer e fazer uma contraposição do que foi explicitado com o que havia sido planejado, assinalando coincidências e divergências, assim como encaminhando as soluções.

O aquecimento grupal

Tradicionalmente divide-se o aquecimento em duas partes, uma chamada de aquecimento inespecífico e outra de específico. A primeira seria dirigida ao grupo como um todo, a segunda para o protagonista. Esse modelo básico é útil, desde que seja revisto em alguns detalhes, inclusive o nome: prefiro chamar a primeira fase de aquecimento grupal e a segunda de aquecimento dramático.

No aquecimento grupal, podemos estabelecer algumas subfases, não obrigatoriamente consecutivas, mas que representam alguns aspectos que deveriam ser necessariamente contemplados.

O primeiro momento é aquele que em outras formas de trabalho corporal é conhecido como *grounding*, *o aquecimento para o espaço*. Ele significa basicamente a aquisição de familiaridade com o espaço físico em que se vai trabalhar, cuja pesquisa pode ser proposta sempre, mesmo que já seja conhecido do grupo, uma vez que novos detalhes sempre podem ser conhecidos e reconhecidos. Abrange também a *relação entre corpo e espaço*, o que em geral se inclui nos exercícios de ocupação do território, mas que pode e deve merecer atenção especial. Quando se utiliza um local pela primeira vez e quando as condições de circulação, acomodação e manejo implicam limitações (sala pequena, móveis fixos ou inadequados, áreas interditadas etc.), mais do que nunca esse aquecimento se faz necessário, por meio da experimentação empírica das potencialidades corporais dentro dessas circunstâncias.

Um exercício tão comum que chega a caracterizar-se como um cacoete dos aquecimentos psicodramáticos é o pedir ao grupo para andar. Essa atividade pode acontecer ou dentro de uma seqüência conscientemente concebida — e, portanto, ter sentido tanto para quem dirige quanto para quem é dirigido — ou ser proposta em função de um estereótipo, ou ainda simplesmente para ir ganhando tempo enquanto não se decide o que propor.

No teatro espontâneo, é impossível trabalhar apenas com o cérebro, ou com uma parte limitada do corpo. Todo ele precisa estar disponível. Para superar entraves, tensões e restrições, ele precisa ser colocado em movimento. E o movimento precisa estar articulado com o espaço concreto onde o corpo se localiza. Isso passa, necessariamente, pela ampliação da consciência a respeito do próprio corpo, que deve ir sendo conquistada na medida em que ele se movimenta.

Paralelamente, ou na continuidade, há que se cuidar da vertente *individuação-grupalização*, ou seja, do contato. Muitas vezes os participantes vão ao teatro espontâneo sozinhos; outras vezes, acompanhados; adolescentes vão em tribos. Se essas características se mantiverem durante a sessão, o afeto terá uma circulação congestionada, prejudicando todo o trabalho. Daí a importância de se propor atividades que propiciem a cada pessoa, inicialmente, o resgate da sua individualidade (livrando-se de simbioses circunstanciais) e depois, gradativamente, a ampliação dos seus contatos, até o ponto em que possa mover-se com agilidade e liberdade entre todos os demais. O clímax desse processo é a geração de um sentimento de grupalidade, provavelmente algo intermediário entre o que se considera classicamente como um agrupamento e o que se chama de grupo, em sentido estrito. Há um senso de coletividade, de participação, de entrega à comunidade, inteiramente oposta à condição do início, de alto contágio emocional, como nas multidões; o caos inicial é superado e a platéia pode concentrar-se na tarefa.

Em seguida, deve-se preparar o grupo para as tarefas que o esperam, consubstanciadas nos papéis de ator, autor e de platéia.

O *ator* deve expressar-se por todos os meios de que disponha: a fala, a fisionomia, o gesto, a mímica, o movimento corporal, e deve fazê-lo com emoção. Nesta fase do aquecimento, os exercícios estão voltados para a expressão cênica, tanto a nível individual quanto a nível de articulação de complementaridades.

Segue-se a preparação para o papel de *autor*, quando o participante deve entrar em contato com outra tarefa que se lhe vai requerer, que é a do dramaturgo, criador de uma história que será representada no palco. Aqui ele é estimulado a buscar na sua experiência de vida acontecimentos vividos, presenciados ou imaginados, que constituirão a matéria-prima para a criação coletiva. Deve experimentar esse tipo de criação e desde logo comprometer-se com o produto que está sendo gestado.

Enquanto *platéia*, os participantes deverão acompanhar o que acontece no palco, preparando-se para colaborar das mais diversas maneiras, desde as simples manifestações espontâneas de entusiasmo ou desagrado, passando pelas tarefas coletivas (cantar, gritar, fazer ruídos etc.), pelo "coro", pelas sugestões quanto à continuidade da cena, pelas escolhas que lhes serão propostas, até subir ao palco, transmutando-se da condição de espectador para a de ator. Esse sentido de participação faz parte do aquecimento grupal, manifestando-se mais objetivamente no momento em que se escolhe o protagonista, se essa decisão for deferida ao grupo, ou se simplesmente se lhe pede um referendo para a decisão feita pelo diretor.

Quando o evento de teatro espontâneo já tem um tema previamente definido, o aquecimento grupal se completa com a preparação dos participantes para o próprio *tema*. Em geral esse aquecimento está embutido nos exercícios que são propostos com outras finalidades. Suponha-se um sociodrama de abertura de um congresso. Pode-se privilegiar o congresso em si ou o tema do congresso. Na primeira hipótese, os exercícios de ator poderiam incluir a representação de tipos de congressistas (o aplicado, o folgazão, o que veio para conhecer gente, o que veio para mostrar

96

serviço etc.). Na segunda, seja um tema como "Quem sobreviverá?", na preparação do autor poderiam ser pedidas histórias a respeito de vários tipos de sobrevivências.

Como se pode observar, aquecer o grupo não significa apenas propor um jogo corporal qualquer, por mais interessante que possa ser. Muitas vezes acontece que, depois de uma atividade muito boa, no momento da passagem para a dramatização o grupo mostra-se retraído e resistente: é que ele não foi preparado para as tarefas que ora lhe estão sendo solicitadas. O aquecimento foi incompleto.

As tarefas grupais

Quando se trabalha com o grupo como um todo na etapa preliminar, o principal recurso de que se lança mão é propor aos participantes algum tipo de jogo, seja comum ou dramático.

Algumas atividades proporcionam melhor aquecimento que outras, dependendo da maneira como é administrado o *timing*. Para tanto, é interessante que o líder consiga diferenciar os vários tipos de tarefas coletivas. Uma codificação provisória desses exercícios nos permite divisar:

a) sucessividade: tarefas em que cada participante, um por vez, faz o que lhe foi pedido, enquanto todos os outros observam;

b) paralelismo: a mesma tarefa é solicitada a todos os participantes, que a executam concomitantemente; pode ser uma tarefa individual ou de duplas, trios ou pequenos grupos;

c) colaboração: a tarefa proposta é uma só e deve ser executada pelo grupo como um todo, cada um fazendo a sua parte.

O primeiro tipo não é muito aconselhável para grupos maiores, porque exige muito tempo e favorece a dispersividade, podendo, entretanto, ser útil em grupos pequenos, porque permite a observação do trabalho alheio, o aprendizado imediato de detalhes relevantes e a experimentação de formas alternativas. As atividades do segundo tipo permitem uma enorme economia de tempo, exigindo, entretanto, que o coordenador esteja muito mais atento para poder comandar a continuação, levando em conta o desempenho alcançado. Já as tarefas do terceiro tipo têm uma força integradora maior, embora só possam ser executadas por grupos que já alcançaram um mínimo de aquecimento para poderem dar conta do nível de cooperação exigido.

Aquecimento cênico

Como veremos a seguir, não se trata de apenas "uma fase" da sessão de teatro espontâneo, constituindo, antes, um dos procedimentos fundamentais para viabilizar a dramatização.

A escolha do protagonista marca, pelo menos teoricamente, a passagem do aquecimento grupal para o cênico, mas não se deve absolutizar essa seqüência, sob pena de se perder a flexibilidade indispensável a um trabalho de criação. O aquecimento cênico está voltado para o contexto dramático, tanto quanto o aquecimento grupal esteve voltado para o contexto grupal.

Trata-se agora de estabelecer estímulos precisos, pois quanto menos ambíguo for o estímulo, mais rica poderá ser a produção. Isto significa que o tempo e a energia empregados nesta tarefa tendem a oferecer altíssimos dividendos, nada justificando que esta etapa seja queimada ou atropelada em favor de um início mais rápido da dramatização propriamente dita.

Assim como no aquecimento grupal, temos alguns passos que podem ser sucessivos ou concomitantes, como aspectos indispensáveis do processo.

Definição da estrutura cênica

A história que vai ser representada não está pronta quando se vai iniciar a dramatização. No entanto, o núcleo inicial precisa ser definido, porque é em função dele que se vão estruturar outros elementos indispensáveis, cenário e personagens. Isso não implica uma fixidez seqüencial, mas sim uma precondição que precisa ser cumprida. A porta de acesso a ela pode variar, como de fato varia muito.

O óvulo cênico pode originar-se, entre as infinitas alternativas:

- de uma cena extraída da vida pessoal do protagonista;
- de uma cena do conhecimento do protagonista, porém da qual ele necessariamente não tenha participado;
- de uma cena por ele imaginada;
- de uma história compartilhada pelo grupo, extraída da vida real (contada por um participante, divulgada pela imprensa);
- de uma história de ficção apresentada ao grupo (conto, mito, lenda);
- de uma história de ficção criada pelo grupo.

A estrutura cênica deve incluir, necessariamente, um conflito. Quando este não é definido logo ao início, deve aparecer ao longo da dramatização, que só ganhará força a partir do momento em que ele for colocado em ação, no palco.

Por outro lado, a cena deverá ter sempre mais de um personagem, no mínimo o protagonista e um antagonista. Existem produções teatrais que são monólogos, mas o texto destes sempre inclui outros personagens. Se se conseguir produzir teatro espontâneo monologado, com força cênica, isso configuraria um grande feito.

O processo de definição da estrutura cênica pode ser feita por meio de:

- tarefas propostas durante o aquecimento grupal, cujo produto já é a cena nuclear;
- pequenas tarefas ou microcenas propostas pelo diretor ao futuro protagonista ("vá até a janela e veja quem está passando na rua; fale com essa pessoa");
- entrevista do diretor com o futuro protagonista, quando então as perguntas do diretor estarão voltadas especificamente para esse assunto;
- contribuições da platéia;
- proposta do próprio diretor, que deverá ser uma proposta aberta, a ser completada no decorrer da encenação.

Construção do personagem protagônico

O personagem protagônico é a figura central da história que se desenrola em torno dele.

Normalmente, esse personagem tem um conflito, que pertence ao papel e não à pessoa do ator. No teatro espontâneo psicodramático, é muito comum que o personagem protagônico seja a pessoa do ator e, nesse caso, o conflito do personagem e o do ator coincidem e se confundem. De qualquer maneira, a definição desse conflito é importante para a construção do personagem.

Ocorre freqüentemente que nem sempre é possível ter essa definição com antecedência. Nesse caso ela deverá ser buscada por meio da encenação; a narrativa só decolará quando se tiver condições de trabalhar a partir de um conflito definido, ainda que o enredo possa incluir uma mudança de conflito ao longo da trama.

Todo personagem tem características gerais que precisam ser levadas em conta: sexo, idade, aparência física, hábitos, ideologias, qualidades e defeitos, características gerais de personalidade, jeitão e assim por diante. O ator que for fazer o papel deverá buscar dentro de si essa caracterização e ir experimentando expressá-las, antes mesmo de a cena se iniciar. O sentimento dominante no início da história também deve ser clareado e sua expressão identificada.

O uso da técnica do solilóquio, nessa fase, estará sempre voltado para essa finalidade.

Por outro lado, há que se cuidar para não cair no que chamamos de entrevista psicológica. Essa tentação é muito grande quando o teatro espontâneo está sendo utilizado para fins psicoterápicos, situação na qual o diretor/terapeuta é levado a privilegiar investigações de caráter anamnésico mais do que a construção da cena psicodramática. Um exemplo desse descaminho a que se está sujeito: o cenário já está definido e o diretor pergunta ao protagonista: "Onde você está?", ou então "Está bom aí?"; mais: já existem outros personagens, escolhidos para a contracena ou até mesmo já contracenando, e o diretor indaga: "Você está sozinho?" ou "Quem está com você?".

Esse trabalho de construção do personagem vale tanto para personagens humanos como para os não-humanos que, para efeito de cena, são antropomorfizados.

Construção dos demais personagens

A ênfase que se dá ao protagonista pode levar a um descuido na caracterização dos outros personagens que estarão em cena, o que muitas vezes redunda em prejuízos para a dramatização.

A profundidade com que se estabelecem estes outros personagens vai variar de acordo com as necessidades específicas de cada situação.

Muitas vezes, até convém que sejam caracteres abertos, que se vão construindo a partir de dicas que o próprio protagonista vai dando com a cena já em andamento. Os comediantes que fazem parte da equipe (auxiliares) devem estar treinados para assimilar essas informações rapidamente e transformá-las em atuação cênica.

Entretanto, dentro do cardápio acima delineado para o personagem protagônico, alguns itens se tornam essenciais para que os atores que fazem os papéis complementares possam entrar em cena devidamente aquecidos.

Seria interessante que não houvesse interrupção da cena por causa de um contrapapel, pois isto frustra demais as expectativas do protagonista; mas se acontecer, é preciso acudi-la, reaquecendo o papel questionado.

Construção do cenário

As histórias contadas por meio da dramatização acontecem em espaços e lugares determinados e é preciso que todos os participantes, equipe, atores e platéia, não apenas saibam, com recursos da imaginação, que espaços e lugares são esses. É sempre interessante que os principais elementos do cenário sejam materializados e, principalmente, respeitados durante a representação.

É mais fácil garantir o aquecimento inicial e sua manutenção ao longo do tempo se o cenário for bem construído.

Alguns elementos são considerados estruturantes. Se a cena se dá num cenário que procura reproduzir a materialidade de cenários da vida real, a sala, por exemplo, terá porta, janela, móveis etc. Além de introduzir objetos que representem esses elementos, o encenador poderá pedir aos atores, especialmente ao protagonista, que façam algumas coisas que mobilizem sentimentos e os coloquem em contato mais articulado com esses elementos do cenário. Exemplos: sentar-se na cama para ver como é o colchão, olhar pela janela e dizer o que se avista, abrir e fechar a porta para ver se faz barulho etc.

Além desses elementos mais grosseiros, pode haver outros que dão um toque especial ao cenário, ainda que não tenham nenhuma outra utilidade imediata: um adorno, alguma coisa "fora do lugar", um defeito na parede, qualquer detalhe do gênero.

Nem todos os cenários são assim "realistas". Eles podem ser "surreais", "abstracionistas", "simbólicos", mas sempre terão uma materialidade que se deve fazer presente.

É muito comum o uso de almofadas para representarem elementos do cenário. É um recurso bastante versátil e ágil. Muitas vezes, porém, ao longo da encenação elas vão perdendo essas características e se tornam de novo meras almofadas, o que leva muitas vezes os atores a se sentarem sobre a televisão, a colocar a mesa no colo, a agredir o outro atirando-lhe uma cama. O diretor atento evitará essa confusão o máximo possível, para garantir o aquecimento ao longo de toda a cena.

O ideal, porém, seria que, havendo outros objetos e móveis disponíveis, se pudesse contribuir para uma "desalmofadização" do teatro espontâneo: cadeiras, banquetas, esteiras, mesinhas etc. podem ajudar a compor o cenário de forma mais rica.

Em todo caso, vale lembrar que o objetivo do cenário é garantir o aquecimento, não apenas dos personagens mas também da platéia. Para esta, a cena tem que ser convincente, e o cenário contribui para a eloqüência da encenação.

O camarim

A utilização de adereços pode ser um recurso extremamente eficiente no aquecimento dramático.

Em primeiro lugar, porque pode ajudar no assinalamento de determinadas características do personagem que, sem um lembrete permanente, podem cair no esquecimento. É o caso, por exemplo, de um homem fazendo um papel feminino e vice-versa. Os atores podem confundir-se e, pelas tantas, um rapaz acaba sendo chamado de senhora e o personagem começa a se desfazer. Uma bolsa feminina vermelha ajudaria a afastar qualquer dúvida no primeiro caso, e um boné, no segundo.

Além disso, o ator que está portando o adereço entra mais facilmente no papel do que o que vai para o palco sem nada, a não ser o seu imaginário.

E, para o público, o personagem fica mais convincente, ajudando a alimentar o aquecimento da platéia.

A facilidade de manejo das peças é fundamental. Para ser operacional e não acabar sendo fator de desaquecimento, o adereço deve permitir uma rápida colocação. Um vestido de cor sóbria pode ajudar a caracterizar uma senhora idosa, mas vesti-lo pode demorar muito, mesmo que seja aberto atrás, de alto a baixo, e fechado com velcro. Um xale faz o mesmo efeito e é com certeza mais fácil de ser colocado.

A quantidade de objetos disponíveis não deve ser muito grande, a ponto de dificultar a localização e a escolha do adereço adequado.

O ideal, inclusive, é que com uma única peça se consiga a caracterização desejada: uma gravata, uma peruca, um revólver, um par de óculos.

Alguns diretores propõem, na fase de aquecimento, que o grupo se dirija ao camarim, manipulando e experimentando suas peças. Sem dúvida, esse procedimento pode ser bastante útil, facilitando o uso posterior dos adereços. Muitas vezes, entretanto, apresenta o inconveniente de produzir uma superexcitação, provocando, por isso mesmo, um efeito desaquecedor. Isso é particularmente comum quando se trabalha com adolescentes.

Se a equipe contar com número suficiente de integrantes, um deles pode ser o responsável pelo camarim: a cada personagem que deva ser caracterizado, o figurinista, que já conhece os objetos disponíveis, pode escolher e apanhar rapidamente o mais indicado e oferecê-lo ao ator, sem perda de tempo e sem deslocar para essa atividade as atenções gerais.

Como elemento de aquecimento, os adereços muitas vezes funcionam melhor do que o próprio cenário. O figurino faz a pessoa trans-

102

portar-se com mais facilidade para o personagem que está representando, tendo como contraponto a vantagem de o público se desfazer melhor da figura do ator para ver nele o personagem.

Aquecimento da equipe

Falamos até agora do aquecimento voltado para o usuário do teatro espontâneo. E os profissionais que se encarregam de promovê-lo? Eles não necessitam de uma preparação específica?

A resposta é obviamente positiva.

Os atores teatrais costumam concentrar-se algum tempo antes do início do espetáculo e dedicar-se a exercícios físicos de relaxamento, alongamento e aquecimento muscular. A intensidade do trabalho é tal que quando iniciam a apresentação estão suados, com as roupas molhadas.

Esse estado de prontidão é desejável para todos os membros da equipe.

Se o diretor, por exemplo, entra para a sessão desaquecido, terá que alcançar seu ponto ótimo de tensão durante o próprio trabalho, na relação com o grupo. Isso pode representar uma perda, pois do contrário, na medida em que ele entra com uma disposição maior, já aquecido, é muito mais fácil ele convencer o grupo a sair de sua posição enrijecida e buscar o tônus necessário. Em outras palavras, o diretor tem condições de puxar o grupo.

O mesmo se pode dizer dos auxiliares. Não existe nada mais desagradável que o coordenador solicitar uma participação de seu companheiro e receber como resposta: não estou aquecido.

O não-preparo de uma parte da equipe desequilibra sua atuação, com prejuízos evidentes para o andamento do trabalho.

Quando o diretor trabalha sozinho, muitas vezes se dá ao luxo de passar de uma atividade, na qual estava envolvido minutos antes, diretamente para a condução do grupo. Seria desejável que isso não acontecesse, que ele pudesse ter um tempo para se aquecer, fazendo, mesmo sozinho, alguns exercícios de tonificação muscular, respiração, relaxamento e até mesmo de meditação.

O mesmo pode ser feito quando a equipe é composta de apenas duas pessoas. Em geral as duplas se aquecem apenas conversando, mas isso pode ser pouco. Por que não experimentar um programa mais completo, que incluísse os exercícios referidos anteriormente? Outro caminho seria, dentro do tempo reservado para a preparação, começar com a pergunta:

para o que estou me aquecendo? Do que estou precisando? E a partir daí conceder-se o que está sendo pleiteado.

Duração do aquecimento inicial

Tradicionalmente considera-se que o tempo da sessão deveria ser dividido de tal forma que o período da dramatização fosse o mais longo, seguido pelo de aquecimento e, por último, o do compartilhamento. Nossas experiências mais recentes têm sido direcionadas para um privilegiamento do aquecimento inicial, em termos de tempo utilizado. Essa investigação parte de uma dupla hipótese. A primeira é de que sem o aquecimento, a dramatização será pobre e, nesse caso, vale mais a pena ter uma dramatização mais curta e mais rica, do que o contrário. Por outro lado, se o aquecimento for uma experiência gratificante, mesmo que a dramatização não alcance um alto grau de satisfação, terá valido a pena participar, ao menos em função da primeira parte do trabalho.

O *timing* é um dos aspectos da direção mais sujeitos à sensibilidade pessoal do diretor do que a uma codificação de procedimentos autorizados pela experiência. Um aquecimento longo demais pode ter efeito contrário e acabar desaquecendo. A virtuosidade do diretor é exigida exatamente nessa hora, em que a avaliação constante do estado de aquecimento do grupo vai indicando o próximo passo a ser dado, tanto no sentido de direcionar o próprio aquecimento quanto no de passar de imediato à fase seguinte.

Aquecimento verbal

Não é preciso muito para se detectar, num acompanhamento do que efetivamente se tem praticado em termos de psicodrama, que uma grande quantidade de diretores utiliza procedimentos exclusiva ou predominantemente verbais, como forma de mobilização inicial.

Em alguns casos, o hábito de discursar se torna tão forte que as sessões podem se suceder, num grupo normal de psicoterapia, sem que se chegue a dramatizar. Algumas vezes porque não se conseguiu chegar ao ponto desejável de aquecimento para que se iniciasse a decolagem, em tempo hábil, escoando-se assim o horário combinado. Outras vezes, porque o próprio diretor/terapeuta opta por manter a sessão dessa forma, considerando que está sendo produtiva a conversa e que, portanto, seria escravizar-se a uma formalidade alterar o rumo na direção de uma cena a ser levada ao palco.

Além do mais, as contribuições da terapia sistêmica têm sido muito ricas no que diz respeito às técnicas de investigação da dinâmica grupal, seja do grupo que se vive aqui e agora, seja do grupo de que se fala. E essas técnicas são exclusivamente verbais, cingem-se à arte de fazer as melhores perguntas. Quando utilizadas à guisa de aquecimento, podem trazer ao trabalho elementos muito importantes e significativos.

Não pretendo discutir aqui as formas de se fazer aquecimento verbal. Apenas quero assinalar que essa prática em geral funciona melhor com grupos que se reúnem regularmente e que já têm certa familiaridade com os papéis de ator, autor e platéia, numa sessão de teatro espontâneo. São grupos já estruturados que, com um pequeno ritual de passagem, já encontram um nível de grupalidade suficiente para sustentar uma dramatização protagônica.

Com isso, de certa forma ficam contemplados alguns dos objetivos do aquecimento inicial mencionados no início desta discussão. O que fica de fora é a exploração dos aspectos ligados à espacialidade e à corporeidade e suas articulações mútuas. Com certeza, isso deve ter reflexos significativos na qualidade dramática da encenação, tornando-a mais cabeça e limitando o aflorar das emoções aos momentos catárticos, mais do que à força cênica.

Por outro lado, o trabalho com grupos não-regulares, seja em eventos públicos, seja em trabalhos sociodramáticos com grupos institucionais, costuma exigir mais do que o aquecimento verbal, para que as pessoas possam aderir ao projeto de dramatizar suas cenas. E, nesse sentido, a proposta aqui descrita pode representar — espero que assim aconteça — uma contribuição aos colegas que trabalham com esse tipo de grupo, para que consigam ir além dos jogos e apostar mais na aventura da dramatização plena.

O *de-roling*

Esse é um tipo de aquecimento que normalmente não tem merecido as melhores atenções dentro da tradição psicodramática brasileira. Pelo menos não tem sido contemplada na literatura especializada com o necessário destaque.

Consiste, em poucas palavras, na preparação do ator para deixar o palco e retornar ao contexto grupal. Esse novo ritual de passagem parece ser importante principalmente para os que fazem contrapapéis com o protagonista de um teatro espontâneo psicoterápico, quando o ator principal e o personagem coincidem.

Na saída do "como se" esse protagonista muda de contexto levando para o mundo "real" o impacto da experiência vivida, mas como ele não deixou em nenhum momento de ser ele mesmo, sua identidade permanece intacta. Os auxiliares, não. Como eles se permitiram encarnar outros personagens, é preciso que se desvistam desses papéis (*de-roling* poderia ser traduzido como desvestir-se do papel, o que é diferente de sair do papel: neste último caso trata-se de uma ruptura não desejada, enquanto que no primeiro a mudança é necessária). Esse "desvestimento" é importante tanto para o ator como para o público. O ator precisa ser reassegurado de sua própria identidade, para não se confundir com a do personagem que desempenhou e, de alguma forma, recolocar suas emoções nos devidos lugares. Já o público precisa ter reforçada essa discriminação entre a pessoa do ator e as características do personagem, para que não aconteça o que acontece algumas vezes, de o personagem ser levado até mesmo ao contexto social, grudado na pessoa do ator, o que, evidentemente, altera o teor das inter-relações.

O ritual do teatro convencional de os atores que atuaram numa peça que acaba de ser exibida se apresentarem ao público para agradecimentos e aplausos, depois de cerradas as cortinas, traz em si um pouco desse sentido. É como se os atores nesse momento estivessem dizendo: vejam, agora não somos mais os personagens que vocês acabaram de ver, somos pessoas como vocês, de carne e osso, e temos nossas respectivas identidades pessoais. Depois dessa liturgia é possível voltar para casa inteiro.

7

DRAMATURGIA:
A PRODUÇÃO DO TEXTO

É sempre na recusa da visão direta que reside a força de Perseu.

Italo Calvino

A produção do texto, no teatro espontâneo, pode ser considerada como o momento em que se exige a máxima criatividade e integração grupal. Em termos teóricos, seria o momento télico por excelência.

A parte mais substancial da peça improvisada é produzida na interação entre diretor e protagonista. Na seqüência, vem, em ordem decrescente, a colaboração dos atores auxiliares e, por último, a platéia.

A produção é coletiva: mesmo os que não aportam sugestões concretas, assim como os que as apresentam mas não as vêem efetivamente incorporadas ao texto, participam como massa de apoio afetivo, emprestando energia, atenção, interesse, além das críticas e insatisfações que também constituem ingredientes fundamentais para a realização do trabalho comum.

As linhas-mestras do enredo são definidas no diálogo inicial entre o diretor e o protagonista. Não existe uma fórmula única e infalível que diga como se faz isso da maneira mais eficiente. Trata-se sobretudo de um ato criativo, condicionado pelo grau de espontaneidade conseguido por ocasião do aquecimento preliminar, tradicionalmente denominado como aquecimento específico.

O que o diretor não pode perder de vista o tempo todo é o objetivo de seu trabalho, é facilitar a criação de uma história, a qual vai sendo contada cenicamente na medida em que vai sendo concebida.

Por isso mesmo ela não tem que estar pronta nem que ser verbalizada nos mínimos detalhes antes de se iniciar a dramatização, pois, do contrário, esta seria nada mais do que uma repetição cênica de um relato verbal — e quando isso acontece torna-se fastidioso. O que se estabelece, de início, são apenas as idéias básicas que vão nortear a criação.

No psicodrama clássico, a dramatização toma como base um acontecimento da vida dita real do paciente/protagonista. Quando se torna difícil identificar esse fato, utilizam-se recursos tais como imagens, esculturas fluidas, fotografias, entrevistas com personagens, jogos relacionais entre seres abstratos e assim por diante.

A intenção é que, pelo menos num primeiro momento, a encenação venha a reproduzir a história relatada pelo protagonista tão fielmente quanto possível. Com isso se estabeleceriam algumas garantias de que o desenrolar da nova história que está sendo construída contemplaria as reais necessidades psicológicas do paciente/protagonista. Os atores que desempenham os papéis complementares, por exemplo, deverão, tanto quanto possível, reproduzir o comportamento dos personagens que, no contexto social, interagem com o personagem protagônico, sendo que a caracterização desses papéis é fornecida pelo próprio protagonista. Eventuais alterações nesse modo de agir devem estar subordinadas a um claro interesse terapêutico, como ocorre, por exemplo, na técnica de interpolação de resistência.

Para que progrida cenicamente, a história relatada necessita sempre de novos elementos que possam enriquecê-la. A tendência natural é que o texto se esgote rapidamente e comece a patinar. A dramatização, nesse momento, tende a mostrar a mesma coisa sucessivas vezes, ainda que de formas ligeiramente diferentes.

É quando se requer a intervenção do diretor.

A improvisação do teatro espontâneo opera a convergência de duas vertentes teatrais, a dramaturgia (criação do texto, da peça em sentido amplo, enredo e falas) e a representação (o ator encarna o personagem e age como ele).

Para conseguir essa síntese, a dramaturgia do teatro espontâneo trabalha sempre com a articulação texto-subtexto, procurando integrar este último ao primeiro. Ou seja, algo está sendo representado e, a certa altura, tanto o argumento como sua encenação denotam uma perda de força dramática — não só pela repetitividade acima referida, mas também pelo esvaziamento dos papéis e pelo enfraquecimento do compromisso ator-personagem. O texto precisa ser revitalizado, e a principal fonte onde se buscam os insumos necessários é o mundo da fantasia do protagonista, onde com certeza transitam imagens, lembranças, fragmentos de memória, emoções dominantes ou passageiras, elementos que não foram até agora aproveitados, outros personagens não incluídos na cena. As chamadas técnicas tradicionais do psicodrama são ferramentas cuja utilidade é exatamente essa, pesquisar esse subtexto e trazê-lo para o texto. Elas têm, por isso mesmo, uma função dramatúrgica, que é a elaboração do texto teatral. Esse texto possui algumas características próprias, praticamente exclusivas do teatro espontâneo, entre elas a catarse do autor-ator concomitante à da platéia.

Comecemos pela técnica do dublê.[1] Ela é utilizada quando se evidenciam, por manifestações não-verbais do protagonista, conteúdos afetivos que não estão sendo integrados ao texto que está sendo representado.

A estratégia consiste em que um auxiliar se coloque no palco como um clone do personagem protagônico e expresse esse sentimento ou essa fantasia como se o próprio protagonista o estivesse fazendo. Logo em seguida, o auxiliar se retira e o diretor propõe que essa nova fala seja integrada ao texto. Se ela for pertinente, a construção do enredo vai experimentar um avanço. Se, ao contrário, ela não fizer sentido, será descartada, o que no teatro espontâneo constitui rotina, dado que os caminhos dramatúrgicos são sempre construídos através de ensaio-e-erro. A pesquisa do subtexto deve, nesse caso, prosseguir com novas tentativas.

No uso desta técnica é grande a tentação de fazer interpretações, copiando o modelo psicanalítico, ou então fazer sugestões de atuação como se fossem supostos desejos não concretizados do pobre protagonista. É evidente que, se a intenção é construir um texto dramático, essa tentação deve ser afugentada.

Outra técnica, o solilóquio, é entendido como uma verbalização do protagonista que não se encaixa exatamente da seqüência do texto, mas que expressa um sentimento ou pensamento que lhe esteja ocorrendo em paralelo. Seria como se o personagem falasse alguma coisa em *off*, com seus botões. A diferença em relação ao dublê é que é manifestado pelo próprio protagonista, por solicitação do diretor, sem a ajuda de auxiliar.

---

1. Prefiro este termo ao tradicional "duplo", considerando que este representa uma distorção lingüística, provavelmente por traduções imprecisas que acabaram integrando o dialeto psicodramático.

A utilização do material colhido no solilóquio segue o mesmo caminho do dublê: introduzi-lo no texto. Quando, por exemplo, o protagonista balbucia "este tema eu já ouvi mil vezes!", o diretor pode pedir que ele diga isso ao seu interlocutor, ou então que se lembre de uma das mil vezes em que ouviu, cuja história possa ter tido um desdobramento diferente daquele que está sendo contado naquele momento. Neste último caso, a nova história passaria a ser dramatizada.

Vale salientar que o ator auxiliar, quando desempenha um papel complementar ao do protagonista, não faz solilóquio, a não ser quando deseja, de moto próprio, fazer algum tipo de provocação. O mais comum é que transforme em conteúdo cênico o que está sentindo ou pensando, com todas as letras, sem que para isso seja instado ou especificamente autorizado pelo encenador.

Um dos riscos mais comuns dessa técnica é que ela se transforme em reflexões racionais, em prestação de contas, em justificativas ou em explicação a respeito da trajetória da cena.

A técnica do espelho consiste em retirar o ator protagônico de seu papel, substituí-lo por um auxiliar e pedir a ele que veja o seu desempenho "de fora". O auxiliar repete um trecho do texto e trata de enfatizar os traços que merecem destaque, ou a seu próprio critério ou então atendendo a uma solicitação específica do diretor. O objetivo é que o ator protagônico possa, com base nessa nova visão, reorientar o texto, cabendo ao diretor, como nas outras técnicas, garantir que isso efetivamente aconteça.

O espelho tem sido desde sempre considerado uma técnica de risco, pelo fato de que, ao ressaltar determinados traços da atuação do protagonista, pode-se com muita facilidade descambar para a ridicularização, o que seria altamente indesejável. Por causa disso, acaba sendo pouco utilizada, a não ser pelos diretores que definem a psicoterapia como uma oportunidade para que o paciente se veja como ele é, supondo que, mostrando-lhe o que ele não consegue ver, se esteja abrindo para ele a possibilidade de reorganizar-se e de superar seus "defeitos".

A inversão de papéis, outra das técnicas tradicionais, também viabiliza essa pesquisa do subtexto, na medida em que amplia o horizonte de visão do protagonista. O "ver as coisas com os olhos do outro" tem um sentido que transcende a perspectiva moralizante que pode estar colada a essa técnica. Na qualidade de um dos principais criadores do texto, se não o principal, o protagonista necessita nutrir-se de novas informações, que podem ser adquiridas quando vê o mundo por outro ângulo. Sob pena de que sua formulação apenas reproduza algumas histórias que foram "formol-izadas" ao longo do tempo e que não representam, a rigor, nenhuma nova produção no cenário psicodramático.

110

Na fase inicial da dramatização, quando ainda se está perseguindo a caracterização dos personagens, costuma-se solicitar ao ator protagônico que assuma, a título de demonstração, os papéis complementares. Embora seja de importância fundamental para a elaboração do texto, essa estratégia ainda não caracteriza a inversão de papéis, porque não existe cena em andamento.

As recentes pesquisas em teatro espontâneo incorporam esse acervo quase centenário da prática do psicodrama e o ampliam por meio da valorização das contribuições dos demais participantes do evento.

Isso implica, de imediato, romper com a tradição de subordinar a produção do texto ao protagonista enquanto mero paciente-da-vez. Essa idéia de "paciente-da-vez" caricaturiza o psicodrama que se transforma em psicoterapia individual com platéia, descurando-se do sentido grupal inerente à socionomia e mandando para a coxia os conteúdos relacionais, optando pela abordagem exclusivamente etio-psicopatológica. A escolha do protagonista toma, nesses casos, como principal critério a urgência relativa demonstrada pelos membros do grupo em suas primeiras intervenções na sessão. Ou então, como acontece nos grupos psicoterápicos regulares, baseia-se na necessidade de conceder oportunidades para que cada membro protagonize pelo menos uma vez ou de distribuir eqüitativamente as chances de protagonização.

Ao abrir para o grupo todo a possibilidade de participar da construção do enredo, o protagonista não fica desprestigiado, nem tampouco seu sofrimento minimizado. Pelo contrário, ele tem o privilégio de ver a sua contribuição tornar-se o foco de irradiação da criatividade grupal, o que já de início a valoriza. Por outro lado, a cena construída pelo grupo acrescenta elementos preciosos para que ele possa alcançar, juntamente com os outros, a compreensão das articulações entre a dor que o atormenta e a vida coletiva. Esse jeito de trabalhar esvazia qualquer pretensão de estigmatizá-lo como doente ou como vítima. Aliás, ele pode não apenas "compreender" melhor o seu drama e identificar novos sentidos, mas também ampliar a sua integração na comunidade, pela experiência de superação de seu isolamento. O grupo, por outro lado, pode ver-se refletido em sua própria obra, o que lhe possibilita auferir os mesmos ganhos que o indivíduo que protagonizou.

As cenas embrionárias

As cenas embrionárias são as que constituem o ponto de partida para a criação da história que está sendo dramatizada.

Nem sempre se começa com uma cena, pois o processo de aquecimento pode passar primeiro por uma sensação difusa, por um sentimento específico, por uma imagem plástica, por um cenário, por um personagem inicialmente isolado, por um movimento, pela concretização de uma expressão idiomática e assim por diante — e nesses casos não temos exatamente cenas.

Considera-se cena um episódio em que alguém faz alguma coisa, como parte de uma história que tem começo, meio e fim.

Um drama é composto de uma sucessão de cenas que se articulam entre si. O que costura as cenas, dando-lhe um sentido de continuidade e unidade, é o enredo, uma trama relacional que tem como elemento impulsionador o conflito.

Para efeito da construção dramática, "uma praia deserta", por exemplo, não é considerada uma cena (pode ser um cenário). Tampouco uma situação, como por exemplo "uma pessoa numa praia deserta", se o que se descreve é alguém realizando um movimento solitário, constante, repetitivo e descontextualizado. Isso é ainda uma urdidura, a base sobre a qual se tece a trama. O quesito "relacional" só se caracteriza quando, de alguma maneira, aparece o "outro" da relação e se cria uma interação que, em algum momento, vai evidenciar um conflito.

Assim, ficam excluídos da condição de cena os "sentimentos", quando descritos de forma desvinculada de uma relação específica. O mesmo quanto aos sintomas ou as manifestações somáticas.

As emoções constituem a energia, o *drive* de uma cena, mas não caracterizam as cenas em si. Quando a emoção mobiliza uma ação, aí começa efetivamente a cena.

Em todo caso, se forem adequadamente explorados, todos esses elementos podem ser precursores, quando não diretamente da cena, pelo menos de um *flash* ou fragmento dela, que podem funcionar como o primeiro rascunho do que vai acontecer e, aí sim, temos a cena embrionária. Apenas para se ter uma idéia do universo por onde circula a cena embrionária, apresento a seguir algumas alternativas de matéria-prima para a produção do texto.

1. Cenas da vida real

Podem ser extraídas da história de vida ou do cotidiano, experienciadas pelo próprio narrador ou apenas presenciadas por ele. Também podem ser casos de que ele tenha tido conhecimento, pelo noticiário da imprensa, por ouvir relatos ou comentários de terceiros, ou por terem influenciado sua vida de alguma maneira.

2. Cenas imaginárias

São assumidamente ficcionais, podendo utilizar personagens da vida real ou criados na fantasia do narrador. Não importa se elas são verossímeis ou não. Os personagens da fantasia podem ser humanos normais, figuras públicas, caracteres extraídos do folclore, dos clássicos da literatura, da ficção científica, ou ainda quaisquer seres exóticos frutos da imaginação. As possibilidades, nesse item, são praticamente ilimitadas.

3. Cenas oníricas

Essa é uma das formas de aproveitar os sonhos como material de trabalho. Pode-se partir de um relato de sonho para criar a sua continuação, o que o equipara às cenas imaginárias. Cabem aqui as técnicas do sonho dirigido e do psicodrama interno, desde que, em algum momento, sejam transferidas para o palco e efetivamente dramatizadas.

4. Cenas com personagens abstratos

Toma-se como ponto de partida um conceito ou nome de algum fenômeno ("felicidade", "criatividade" etc.), que são transformados em personagens de uma cena imaginária. É uma alternativa de risco, pela probabilidade de se transformar numa elucubração teórica disfarçada em cena. O máximo de ficção pode ser alcançado quando o personagem abstrato é efetivamente antropomorfizado e é dotado de sentimentos (a "felicidade" se irrita, a "espontaneidade" fica entusiasmada, a "fome" se aborrece).

5. Cenas antropomórficas

É também um caso particular de cenas imaginárias, nas quais objetos concretos tornam-se personagens de uma trama "humana". Por exemplo, os pertences de uma cozinha resolvem amotinar-se por causa do abandono a que estão relegados.

Estruturas de texto

Tomando como ponto de partida as cenas embrionárias, é possível desenvolver diferentes estruturas de texto.

1. Uma história única, com cenas encadeadas

Neste caso, procura-se a unidade da ação dramática pelo encadeamento de cenas, que se desdobram uma a partir da outra.

O protagonista é o único personagem que, necessariamente, está presente o tempo todo, enquanto que os outros podem entrar e sair em momentos diferentes, voltando ou não. O que importa é que a trama vá sendo construída e contada, até o desfecho final.

2. Histórias múltiplas simultâneas

Outra possibilidade é trabalhar com várias construções ao mesmo tempo. Para efeito de comunicação com a platéia, pode-se optar pela estratégia de ir apresentando trechos de cada uma alternadamente, ou seja, enquanto se está apresentando uma cena, a(s) outra(s) história(s) fica(m) congelada(s). Ou então abre-se a possibilidade de a platéia acompanhar a seqüência que desejar, apresentando-as todas ao mesmo tempo, em diferentes setores do espaço cênico.

Essa alternativa não é idêntica ao jogo dramático em que os participantes todos se dividem em diversos subgrupos para realizar, cada um por si, a sua própria cena, sem necessariamente levar em conta o que os demais subgrupos estão fazendo. Neste caso, não existiria o eixo fundamental constituinte do teatro, dada a carência da figura do espectador.

Também o diretor não teria nenhuma interferência direta na produção cênica dos subgrupos, os quais atuariam autonomamente. No máximo, o que poderia acontecer é o diretor destacar um auxiliar para acompanhar de perto o trabalho do subgrupo, mas esse membro da equipe não teria funções diretivas, contribuindo apenas com sugestões e dicas de ordem técnica para facilitar o desempenho. Sua caracterização usual, de ator cuja função é alavancar a cena, não se aplica aqui. Ele é uma espécie de subdiretor, que não se investe dos mesmos poderes e responsabilidades do diretor. Também não é um participante comum do subgrupo, como os demais, precisando, por isso mesmo, tomar muito cuidado para não fazer de conta que é membro pleno do grupo e atuar como se o fosse.

Sua missão é esclarecer, quando necessário, as instruções que foram dadas pelo diretor e, eventualmente, relembrá-la ao pequeno grupo, caso ocorra algum desvio que impeça que a tarefa chegue a um bom termo. Pode, eventualmente, ser necessário que tenha que impulsionar o grupo a realizar a tarefa proposta.

A vantagem associada a essa estratégia é a possibilidade de todos os participantes encontrarem um espaço para atuarem tanto como autores quanto como atores. O fato de os grupos serem menores pode facilitar o desempenho de pessoas que, num público maior, sentiriam algum tipo de inibição. Com esse montante de criatividade, o impacto da experiência ficaria potencialmente ampliado.

3. Histórias múltiplas sucessivas

Produzem-se várias historietas sucessivas, em vez de uma só, que seria explorada a fundo. De acordo com essa orientação, o aprofundamento se dá por meio da seqüenciação espontânea, uma vez que a primeira desencadeia a segunda, que desencadeia a terceira e assim por diante. A sucessão das anedotas pode ocorrer por metáfora ou metonímia. Uma leitura do conjunto mostrará a trajetória do grupo e a forma como está explorando sua problemática.

4. Histórias desdobradas

É uma prática comum no psicodrama psicoterápico. No decorrer da encenação, quando ocorre uma quebra de continuidade, tal como o protagonista sair do papel, ou desistir de continuar, ou ter uma explosão emocional, pode-se solicitar ao paciente que busque uma cena de sua história pessoal em que a emoção da cena interrompida tenha sido semelhante. Essas histórias são conhecidas como cenas regressivas, mas o que as distingue das outras formas dramatúrgicas é o fato de que uma história suscita outra, que suscita outra e assim por diante. A trajetória regressiva não é obrigatória, nem sequer sinônimo de aprofundamento, como também não o é a busca de "outra" cena, supostamente guardada no inconsciente e parte da cadeia de construção e aprendizagem de papéis.

5. História dentro da história

Como no caso anterior, parte-se de uma cena que está em execução no palco e, num dado momento, estimula-se a criação de uma nova cena que esteja vinculada à anterior. É como se se fizesse um *close* de determinado ponto do enredo. Depois de dramatizada a história menor, volta-se à originária, que tem sua seqüência normal.

Quando se trabalha sob o signo da criatividade, nenhuma dessas estruturas descritas pode ser considerada inevitável, muito menos como compulsória. Assim, essa lista pode ser ampliada, em tese, *ad infinitum*.

O caráter analógico da cena

Toda cena é ficcional, ainda que pretenda imitar a realidade. Ao mesmo tempo, toda cena é analógica, ou seja, explora a realidade para conhecê-la por meio de uma expressão indireta, não digitalizada nem digitalizável.

É o reconhecimento dessa característica que abre a possibilidade de, qualquer que seja a situação e a finalidade do teatro espontâneo específico que esteja sendo realizado, seja possível trabalhar com qualquer tipo de cena, dentre os acima mencionados, seja quanto à natureza da cena embrionária, seja quanto à estrutura dramatúrgica.

Segmentos importantes do movimento psicodramático consideram que a encenação de fatos da vida íntima do protagonista só são adequados quando se tem uma proposta abertamente psicoterapêutica. Nos demais casos, adotam como pressuposto que essa fonte de matéria-prima para a criação não deveria ser utilizada por expor em demasia o protagonista, numa situação em que, em tese, faltaria o necessário suporte afetivo. Por outro lado, dizem que o exame aprofundado desse tipo de situação fugiria aos propósitos das demais aplicações do teatro espontâneo, nomeadamente o sociodrama, o axiodrama ou o *role-playing*.

No exame dessa questão é indispensável ter em conta, porém, que quando se abre publicamente a vida privada ou a dor do protagonista, existem alguns parâmetros que devem ser respeitados sempre, em qualquer situação. Um deles é que o diretor não deve forçar os limites que vão sendo apresentados pelo próprio ator protagônico, no decorrer do trabalho. A interpretação "psicanalítica" descontextualizada, de que recusas configuram resistências, pode funcionar como álibi para uma eventual violência, sob o pretexto de ajudar a superá-las.

O encenador tem sempre em mente que a pessoa que está ali vive um momento propício à fragilidade emocional, devendo portanto merecer proteção e cuidado. E nesse caso funcionam duas coisas: o bom senso do diretor e os recursos do próprio protagonista que, não tendo a sinalização respeitada, trata de se autoproteger, por meio do uso de armas extremas do gênero ruptura, bloqueio ou sabotagem.

Por outro lado, quando se trabalha com abertura para a participação ampla de todos os presentes, especialmente da platéia, e quando se tem "o grupo nas mãos", a contribuição que vem por intermédio dos contrapapéis, das sugestões de encaminhamento do enredo e das manifestações emocionais espontâneas constituem garantias adicionais e de grande peso para que a história a ser produzida não represente danos para o protagonista.

Essa nova perspectiva torna, por isso mesmo, menos problemática a encenação de temas mobilizados por cenas embrionárias extraídas da vida privada.

Quanto a essas cenas serem adequadas ou não aos propósitos não-psicoterápicos, vale de novo relembrar o seu caráter analógico.

116

Vejamos um exemplo do caráter analógico da dramatização e de como um fato da vida privada pode ser pertinente num trabalho sociodramático.

Num trabalho sociodramático com diretores de uma empresa, um deles relatou uma situação por ele vivida. Estava na ante-sala do centro cirúrgico em que sua esposa estava dando à luz, quando o obstetra veio em sua direção para consultá-lo sobre um procedimento que havia sido combinado previamente, mas que poderia ser alterado em função de um fato novo que havia surgido durante o parto. A decisão, de alcance enorme, teria que ser imediata, ali mesmo, na hora, sem troca de idéias com a esposa, ou com quem quer que fosse, para que o médico retornasse e concluísse a operação. O formato de teatro espontâneo que estava sendo utilizado era o do *playback*, e os membros do grupo constituíam o elenco, pelo que a cena foi representada pelos próprios companheiros de diretoria do narrador. Foi emocionante e provocou lágrimas. O tema que dominava o treinamento era a tensão que caracterizava o cotidiano profissional dessas pessoas, obrigadas a tomar decisões de alto risco e de enormes repercussões, sempre pressionadas pela urgência urgentíssima. Eram obrigadas a ficar o tempo todo apagando incêndios, quando delas se exigia, como distintivo do cargo, que definissem diretrizes de longo prazo.

Tematização

Qualquer que seja a finalidade com que se faz teatro espontâneo, é possível que se estabeleça previamente o tema que vai ser abordado.

Quando se trata de um evento singular — em que o grupo se reúne apenas uma vez —, o tema é definido por quem promove o encontro e pode ser anunciado com antecedência, constituindo-se na própria motivação que leva as pessoas a participarem.

Na hipótese de se trabalhar com um mesmo grupo por um período mais prolongado, pode acontecer que os próprios participantes resolvam definir, com antecipação, um tema que desejam discutir dramaticamente.

Existindo um tema prévio, com certeza o aquecimento grupal deve levá-lo em conta, especialmente no que tange à preparação dos presentes para o papel de autor dramatúrgico. Isso porque, nesse evento, o texto a ser criado já tem um parâmetro predefinido, e em vez de aquecer o autor para desenvolver um texto qualquer, pode-se criar as condições para que elabore uma história que aborde o assunto escolhido.

A tematização é uma referência importante para a espontaneidade e não um obstáculo a ela, como inicialmente poderia parecer (o autor não estaria livre para criar o que quisesse). Isso porque a espontaneidade só se concretiza quando uma situação concreta é reconhecida e levada em conta, como a pergunta que demanda uma resposta. No caso, o tema faz parte do *locus* da criação espontânea.

Modalidades de textos

A partir das cenas embrionárias, podem ser elaborados vários tipos de textos. Podemos tentar classificá-los pelo menos em quatro categorias: jornalísticos, retrospectivos, prospectivos e ficcionais.

Os textos jornalísticos são aqueles que procuram, por meio da ação cênica, investigar e relatar fatos. A direção de cena se esforça no sentido de que os acontecimentos no palco reproduzam o mais fielmente possível algo que acontece no contexto social. A investigação tem como objetivo evidenciar aspectos inicialmente obscuros, tanto dos acontecimentos ditos "externos" ou "objetivos", quanto daqueles considerados "internos" ou "subjetivos" A meta é permitir o mais completo esclarecimento da situação em pauta, pelo que, completada sua caracterização, a pesquisa se encerra, como nas representações infantis designadas como de "fundo de quintal", na classificação proposta por Joana Lopes.

No trabalho em grupo, se o fato que está sendo coberto contou ou conta com a participação de mais de um dos seus membros, pode-se estimular a contribuição de todos, por meio do esclarecimento de aspectos esquecidos ou divergentes, para que se chegue a uma cena realmente representativa. No caso do psicodrama bipessoal, evidentemente, esse tipo de pesquisa é praticamente inviabilizado.

Já os textos retrospectivos (cenas regressivas ou retrogressivas, como também são chamadas) estimulam a criação de um enredo que, de alguma maneira, reproduza algum evento pretérito, de caráter conflitivo e traumático, que faça parte da história do protagonista.

A reprodução é feita, em geral, de modo a permitir que se presentifiquem as emoções do evento original. Supõe-se que a mera repetição produza efeitos terapêuticos, na medida em que alivia a carga emocional que cerca o fato traumático e permite que o mesmo se reintegre na experiência de forma menos polarizada ou com menor densidade tensional. A partir disso, pode-se inclusive tentar "reorientar os fatos", conduzindo-os a um desfecho mais favorável, se possível reparatório.

Uma variante importante dessas técnicas consiste em promover um encadeamento temporal de quadros retrogressivos cada vez mais precoces, buscando-se alcançar uma experiência primitiva, de caráter nodal, cuja reprodução seria objeto de uma recriação, o que proporcionaria ao protagonista uma reconstrução, ainda que parcial, dos fundamentos de sua vida afetiva.

Já as técnicas prospectivas propõem o caminho inverso, ou seja, partir de uma situação crítica atual e investigar as fantasias a respeito de seus desdobramentos futuros, encenando o porvir imaginado.

Seriam uma espécie de versão atualizada dos rituais primitivos de caça: os perigos são antecipados e vividos intensamente no presente, o que permite não apenas vislumbrá-los e dimensioná-los, mas também expurgar temores infundados, buscando as energias positivas capazes de mobilizar todos os recursos para um bem-sucedido enfrentamento das situações de risco que se avizinham.

Constituem, assim, mais do que um mero ensaio — embora se possa reduzir as pretensões a um treinamento operacional, como o fez o próprio Moreno em suas primeiras experiências — para alcançar o sentido de um verdadeiro aquecimento para a espontaneidade.

A rigor, todas estas técnicas — jornalísticas, retrospectivas e prospectivas — são ficcionais, na medida em que as cenas que se representam no palco são fruto do improviso momentâneo, de uma co-criação que envolve o protagonista e o diretor, os demais atores e o público. A pretensão de reproduzir a realidade é sabidamente uma mera idéia de referência, porque até mesmo a chamada "realidade interna" do protagonista é altamente volátil, sofrendo modificações instantâneas em função de outras "realidades internas" que, num dado momento, se entrecruzam.

As técnicas ficcionais propriamente ditas partem do princípio de que toda encenação é analógica e, por isso mesmo, tanto faz construir uma cena que "imite a vida real", tal como descrita por determinada pessoa, como imaginar uma situação assumidamente fictícia.

O disparador imediato da criação até pode ser o relato de uma experiência ou de uma fantasia, mas a tarefa proposta é de se produzir uma história "totalmente" imaginária.

Como num holograma, a estrutura das relações entre os personagens fictícios tende a reproduzir a estrutura das relações do grupo envolvido em sua produção (mesmo o grupo diádico do psicodrama bipessoal), da mesma forma que a estrutura das relações do protagonista em sua história pessoal ilumina não apenas o que acontece no grupo enquanto unidade fenomenológica como também o que acontece na sociedade dentro da qual grupo e protagonista se inserem.

Por outro lado, as emoções vividas durante a produção cênica têm a ver com os processos vitais em curso.

Todas essas opções dramatúrgicas estão a serviço de pressupostos teóricos abraçados pelo profissional que as utiliza, o que determina uma nova vertente de variações, que vão desde o ingênuo *role-playing* das primeiras experiências de Moreno até a interrupção da cena no momento em que se manifesta o inconsciente, na versão lacaniana, passando pelas intervenções estratégicas dos psicodramatistas sistêmicos e pela multiplicação dramática da escola argentina.

O psicodrama verbal

As dificuldades técnicas de adaptação do psicodrama grupal ao contexto terapêutico bipessoal acabaram levando os psicodramatistas a adotarem uma prática que, pelo menos aparentemente, nada tem a ver com o psicodrama, qual seja, um atendimento psicoterápico inteiramente verbal.

É como se fosse um teatro sem representação, um drama sem atos: um psicodrama falado.

O corpo é suprimido, deixado sem função. Em alguns casos, até, reproduzindo a postura cadavérica do divã psicanalítico, que favorece a topologia cerebral.

Até pouco tempo atrás, quando aconteciam sessões psicodramáticas puramente verbais, os profissionais se envergonhavam delas, auto-censurando-se por preguiça, desídia ou incompetência, ou por serem vítimas de um viés cultural que privilegia a racionalidade.

Pouco a pouco, ainda que timidamente, começam a surgir as primeiras comunicações científicas a esse respeito, dando conta de sua existência e refletindo sobre essa prática, num esforço pioneiro para garantir-lhe uma adequada fundamentação teórica e uma potencialização de seus recursos.

A contribuição do teatro espontâneo para essas ponderações vem por intermédio do enfoque privilegiado da função dramatúrgica. Trata-se, nesse caso, de autorizar-se uma exploração mais aprofundada do processo de construção do texto teatral, já que foi sacrificada a atuação simultânea que faz parte de sua caracterização original.

Pode-se, por exemplo, aplicar, no plano verbal, uma das quatro modalidades de elaboração de textos descritas acima. O terapeuta atua como se estivesse dirigindo uma dramatização convencional, estimulando o paciente a elaborar a história, recorrendo às técnicas psicodramáticas de pesquisa do subtexto (duplo, espelho, solilóquio, inversão de papéis etc.), só que em vez de ser atuado, o texto é apenas falado.

O estímulo à produção do texto fica mais próximo do trabalho psicodramático completo quando o terapeuta se propõe a participar mais ativamente do processo criativo, em vez de apenas dirigi-lo de fora. Um dos recursos é fazer uma espécie de leitura dramática do texto, na medida em que vai sendo criado: o paciente fala pelo protagonista e o terapeuta pelo seu complementar. O terapeuta se vê obrigado a entrar e sair do papel psicodramático, alternando-o com o de diretor, da mesma forma que aconteceria se essa cena estivesse sendo dramatizada no palco.

O comprometimento do paciente nessa tarefa, com a ajuda do diretor/terapeuta, pode proporcionar a catarse do autor e os benefícios da experiência de co-criação.

No chamado psicodrama interno, o paciente cerra os olhos e é guiado pelo terapeuta, à semelhança do sonho dirigido, num processo de visualização cênica. Em outras palavras, o paciente vai criando mentalmente e procurando visualizar a seqüência de cenas que constituem o enredo. Todas as técnicas de produção do texto psicodramático são utilizadas pelo diretor, com o objetivo de fazer com que essa encenação imaginária alcance um fluxo de emoções que em tese pode igualar-se ou até superar, em intensidade, o que aconteceria se a cena estivesse sendo concretizada no palco do psicodrama bipessoal. A dramatização tradicional do psicodrama é adotada, sempre, como referência para a verbalização.

Numa outra versão técnica, o paciente é estimulado a simplesmente relatar fatos da vida quotidiana, envolvendo pessoas significativas do seu átomo social, sonhos ou mesmo situações de aparente banalidade.

O lema "viver é contar histórias" é tomado como inspiração. O terapeuta é um interlocutor curioso, ouvinte atento e indagador, que ajuda a expurgar dos relatos os comentários e as generalizações dispensáveis, assim como a ajustar o foco para identificar aspectos mais obscuros da cena que está sendo relatada.

Essa proposta favorece o abandono, pelo paciente, de falas estereotipadas, tais como a repetição de queixas, a descrição de sintomas, a autodepreciação condenatória, a defesa da própria inocência associada à penalização dos parceiros relacionais, a explicação psicológica e assim por diante.

O próprio terapeuta se desenvolve na linha de desvencilhar-se da postura interpretativa assim como de veleidades parentais e professorais.

Estimula-se um olhar mais amplo e mais cuidadoso, capaz de identificar, na vida, muitas cenas que vinham passando desapercebidas.

Aqui, o modelo de trabalho se aproxima do que faz o diretor do *playback theater* em sua relação com o narrador, inclusive na síntese que comunica ao público ao anunciar que a história narrada vai ser encenada pelos atores.

Se quiser, o terapeuta pode tomar como modelo a multiplicação dramática e, inspirado nele, conduzir o paciente pelas ressonâncias de seus próprios relatos, de modo que seja produzida uma seqüência de cenas cujo liame seja metafórico e não metonímico.

Como termina a cena?

Uma das grandes questões, no processo criativo do teatro espontâneo, é saber em que momento se encerra uma história que está sendo elaborada e que poderia, em princípio, prolongar-se indefinidamente — porque a vida continua!

O desejo secreto de todo diretor é conseguir um final grandioso, que pode ser uma cena muito bonita em que o conflito é resolvido com uma solução genial.

No entanto, a experiência mostra que existem outros caminhos, talvez até mais promissores, porque o *grand finale* pode ser um artifício ligeiro, cujo impacto não ultrapassa o fechar das cortinas.

Nas experiências que levou a efeito sobre motivação, Kurt Lewin demonstrou que a tarefa interrompida condiciona melhor a continuidade de um processo do que a tarefa concluída. Nessa linha de pensamento, talvez a interrupção de uma história, deixando-a em aberto, pode ser muito interessante, do ponto de vista de uma intenção transformadora.

A multiplicação dramática, como referência para a finalização das peças de teatro espontâneo, pode trazer soluções interessantes. A idéia de obra aberta pode ser aplicada no momento de se criar a finalização das histórias, sejam elas relatos de cenas vistas ou vividas pelo paciente, sejam elas oníricas ou ficcionais. Em vez de buscar apenas um desfecho, o paciente pode ser ajudado no sentido de multiplicar as alternativas de conclusão, sem ter que necessariamente escolher uma entre elas.

Mesmo quando se busca uma finalização mais convencional, não se pode perder de vista que a solução que se busca para o conflito que move a história não é uma receita para ser aplicada no contexto social. Analógica, pode expressar apenas um desejo irrealizável ou quem sabe até mesmo apontar para uma direção intuitivamente vislumbrada, mas isso não importa muito, porque o que se está construindo é solução cênica, um jeito de terminar a história, tão fictícia quanto o texto que está sendo criado.

A variedade de formas como se chega ao final é praticamente ilimitada. Num extremo, o próprio desenvolvimento do texto se encaminha para uma finalização natural, sem outra necessidade de intervenção do diretor senão dar por encerrada a dramatização e sinalizar para a platéia o momento dos aplausos — isto se for necessário. Na maior parte das vezes, entretanto, o diretor se preocupa com o fecho da história como uma exigência de administração do tempo. Nesse caso, tem que ter plena consciência de que não há necessidade de prolongar indefinidamente a dramatização, até que chegue a um fim por si própria. Cabe-lhe interromper a cena em curso e consultar tanto apenas o protagonista, como o protagonista e a platéia, a respeito de como seria a cena final, que deve, em princípio, ser concretizada.

8

ENCENAÇÃO E COMUNICAÇÃO CÊNICA

Dramatizar é o objetivo operacional do teatro espontâneo, ou seja, é o momento em que ele se efetiva, pois tudo o mais que ocorre ou são preparativos ou são decorrências. Pode-se dizer que sem essa etapa o teatro não acontece.

A dramatização consiste em contar uma história — que tem começo, meio e fim — por intermédio dos personagens em ação. Apesar de vários pontos em comum, ela não se confunde com o *jogo*, definido como qualquer atividade de natureza lúdica, que não tenha como objetivo a satisfação imediata de uma necessidade instintiva, mas que amplie o repertório de experiências, a ponto de favorecer, quando necessário, a criação de soluções para problemas de sobrevivência.

Nas sessões de teatro espontâneo, os jogos são utilizados como forma de aquecimento, preparando os participantes para o momento crucial que é o da dramatização.

No jogo de aquecimento, o teatro ainda não está acontecendo, principalmente porque não há atores, não há história sendo narrada cenicamente, não há "como se": as pessoas brincam sem deixar de ser o que são.

Há uma categoria de jogo, entretanto, em que os participantes são estimulados a desempenhar algum personagem ou, pelo menos, a experimentar a comunicação de sentimentos ou idéias predeterminadas, como se fossem atores de teatro.

Trata-se do chamado *jogo dramático*. Em geral, todos os participantes do grupo são chamados a jogar, como em qualquer jogo. Nesse caso particular, estrutura-se uma espécie de "como se". Não há necessariamente uma história sendo contada, porque não há espectadores, embora se possa propor como jogo que todos participem de uma história, como se ela estivesse acontecendo.

O jogo dramático pode ser considerado uma espécie de treinamento de ator. Quando trabalha com enredos, é um exercício de improvisação teatral. Alcança outros objetivos, tais como a sensibilização do ator, o desembaraço, a expressividade, o manejo do corpo, da mesma forma que os jogos em geral que se propõem esse objetivo.

No teatro espontâneo é um recurso também bastante útil no período de aquecimento, principalmente quando se pretende preparar as pessoas para os papéis de ator e de autor. Também facilita o relaxamento, a observação externa e interna, a identificação com personagens.

Na *dramatização*, pelo contrário, a estrutura teatral se instala plenamente. Tem-se uma platéia que assiste a uma peça que está sendo encenada por um grupo de pessoas, como se estivesse ouvindo um contador de histórias fazendo sua narração.

Os narradores são os atores que se apresentam e agem como se fossem os personagens, proporcionando aos espectadores uma experiência emocional compatível com a dramaticidade dos fatos narrados. Como se estrutura efetivamente o intercâmbio entre atores e espectadores é uma peculiaridade definida caso a caso, podendo variar de acordo com o efeito comunicacional desejado e planejado como um dos itens viscerais na produção do espetáculo.

Um conceito que se vem impondo ultimamente, nos meios psicodramáticos, é o de técnicas de ação. Elas diferem do chamado psicodrama clássico porque não têm como objetivo teatralizar improvisadamente cenas da experiência pessoal do protagonista. São jogos estruturados com o objetivo de explorar mais diretamente alguns temas considerados pertinentes, dentro do processo psicoterápico. A idéia é de que psicodrama e técnicas de ação se complementam, sendo estas um desdobramento histórico daquele, que amplia as possibilidades de intervenção em relação ao projeto original.

Esse movimento vai na linha oposta à do ressurgimento do teatro espontâneo, que busca libertar o psicodrama das limitações que historicamente lhe foram sendo impostas, em função do viés psiquiátrico.

Representação e simulação

O caráter simulatório da representação é um dos aspectos mais interessantes do teatro como arte.

Os atores não são de fato os personagens que representam. No entanto, os personagens têm existência própria e se revelam por intermédio dos atores. Estes lhes emprestam toda sua história pessoal, seu corpo, suas emoções, sua inteligência, sua criatividade, de tal forma que no momento da encenação algo mágico acontece, como se os personagens tivessem encarnado nos atores, à maneira como Deus encarnou na pessoa de Jesus Cristo, ou como as entidades espirituais utilizam os seus "cavalos".

No teatro espontâneo, essa encarnação é exponencializada, na medida em que os atores são também emissários do grupo ali presente, encarnam o grupo e constroem e vivem a história em nome de seus constituintes.

E por mais que a cena criada, vivida e mostrada no palco se assemelhe à história pessoal do ator que desempenha o personagem protagônico, mesmo que esse personagem seja um símile do ator no contexto social, a narrativa será sempre uma linguagem analógica, falando de uma coisa e de outra ao mesmo tempo.

Ou seja, a pretensão acarinhada desde Moreno, de que no palco se reproduzam as experiências vividas precocemente e que se erigiram em ponto de inflexão da história pessoal, não encontra viabilidade prática. A arte não digitaliza, porque a vida é mais rica do que os sistemas de signos que inventamos para capturá-la. A própria ciência, que se gabou de poder alcançar esse desiderato, descobriu que se não aderir à linguagem analógica vai ficar na poeira.

A cena do teatro espontâneo caracteriza-se por sua atualidade radical. Isto significa que ela é sempre uma criação do momento, conquanto possa inspirar-se numa cena rememorada ou imaginada inicialmente pelo protagonista. Caso contrário, a espontaneidade pode ficar comprometida pelo ingente esforço de reproduzir literalmente um evento passado, seja essa reprodução exigida pelo protagonista ou induzida pelo diretor. Quando esse propósito predomina, os participantes ficam atados, sujeitos a ter seu desempenho conferido a cada instante, para ver se repetem fidedignamente a situação-tema.

Institui-se uma espécie de monopólio da produção pelo protagonista, reduzindo-se o contrapapel a um ato robotizado, acionado pelas "defesas" do dono da situação.

Todo esse esforço torna-se pouco produtivo na medida em que a reprodução será necessariamente pobre, repetindo apenas em linhas muito gerais a experiência trazida como o conflito em questão.

O efeito resolutivo da cena — e portanto seu suposto caráter terapêutico — só se concretiza no momento em que se modifica o curso da cena originária, criando, a partir dela, uma direção narrativa diversa daquela da "realidade" cristalizada no impasse-queixa.

Só quando se libera a imaginação é que se encontram as respostas alternativas àquelas já conservadas.

A rigor, essa liberação da criatividade pode ocorrer de imediato, quando se estabelecem as diretrizes iniciais da cena a ser representada. Haveria, nesse caso, uma despreocupação com o reproduzir fielmente a cena relembrada pelo protagonista. Esta passaria a ter o caráter de mero pretexto (pré-texto) para algo de novo a ser criado aqui-e-agora, coletivamente, ou seja, tanto pelo protagonista como pelos seus coadjuvantes.

A vantagem dessa orientação é que a liberdade de criação torna a cena mais fluente, possibilitando o afluxo de contribuições de todos os membros do grupo.

A hipótese do teatro espontâneo é que a estrutura sociométrica das situações criadas no texto improvisado reflete os conflitos e contradições vividos pelo grupo e enunciados pelo protagonista.

Quanto mais a representação é efetivamente encarnada, mais convincente ela se torna, impactando mais fortemente a platéia. Esta, quanto maior o seu envolvimento, mais pode contribuir para que a encenação seja mais autêntica e convincente.

O efeito pedagógico-terapêutico está, nesse caso, vinculado à manifestação do co-inconsciente. Em outras palavras, a experiência compartilhada por todos, na medida em que vivem num mesmo contexto histórico-cultural, é a que possibilita a criação.

As contradições e conflitos que permeiam a vida comum estão na base da crise existencial do protagonista e, conseqüentemente, do seu sofrimento. O incidente crítico de sua história pessoal, trazido à cena, é apenas um espécime representativo do que se vem repetindo, sob vários mantos e modalidades, ao longo de sua vida. Não se trata, pois, de algo singular, ao qual só se tem acesso quando se atinge essa singularidade para revivê-la e reorientá-la em seu desfecho. Trata-se, antes, de algo único, que deve ser alcançado em sua unicidade; ou seja, a vida é

128

única e os seus eventos particulares só o são numa vertente existencial que é a consciência.

E a existência é potencializada quando se amplia a consciência, no sentido de que esta possa abranger a unicidade em vez de restringir-se à singularidade. Esse mesmo fenômeno pode ser visto numa outra dimensão, que é a relação entre o individual e o coletivo. O singular de um indivíduo é único da coletividade. Ou seja, o mesmo conflito que eu vivo em determinada relação é o que o meu semelhante vive em outra. Porque esse conflito tem a ver com a forma como estão estruturadas as relações dentro da coletividade.

Daí a importância do contrapapel na encenação psicodramática. A técnica da inversão de papéis fica empobrecida quando tida como apenas um recurso para se ver a situação com os olhos do outro, como se moralisticamente se buscasse a complacência: "O outro também tem suas razões". Na verdade, a inversão de papéis possibilita a compreensão, ou seja, a percepção/sensação da estrutura do vínculo, nas articulações papel-contrapapel. E isso é mais do que o mero enxergar as coisas por um outro ângulo.

É também por esse caminho que se pode entender a participação do coadjuvante na cena psicodramática. A criação conjunta é que permite a emergência da estrutura vincular dos papéis em questão. O protagonista, num dos pólos, tem seus sentimentos e sua visão particular do problema. O antagonista também, sem tirar nem pôr, *mutatis mutandis.* O casamento cênico das duas vertentes constrói a narrativa.

Assim, não tem muito sentido o parceiro de cena do protagonista tentar excluir da ação um ou outro sentimento, impulso ou fantasia, que lhe ocorram durante o desempenho do seu papel, a pretexto de considerá-los impertinentes.

Não se trata, nesse caso, de algo que se introduziu indevidamente, uma espécie de "coisa minha" (como gostam de dizer os psico-afins), cuja interferência deva ser evitada. Se, ao assumir um papel no contexto dramático, o ator põe a serviço do personagem todo o seu corpo, toda sua história pessoal, toda a sua vivência, é justamente isso que permite a superação do texto (o enredo inicialmente proposto pelo protagonista) pela emergência do subtexto. Como se trata de criação coletiva, o subtexto se produz pela articulação de fantasias e sentimentos de todos os participantes, e não apenas do protagonista.

A visão deste é necessariamente parcial, fragmentária e, por isso mesmo, alienante e patogênica. Ele precisa do auxiliar, aquele que traz os elementos necessários à totalização, à desalienação e à supressão da

129

dor. Esses elementos o auxiliar vai buscá-los em sua própria verdade, aqui-e-agora, que se faz complementar à verdade do protagonista.

Essa complementaridade se constata tanto nos casos em que o coadjuvante é um profissional, membro da unidade funcional técnica, quanto naqueles em que os contrapapéis são desempenhados por participantes "laicos".

A única diferença é que, por suposto, o profissional dispõe de maior habilidade para transpor para o papel que desempenha tanto as percepções de si mesmo quanto do protagonista e do clima cênico. A "ingenuidade" do não-profissional pode, em contrapartida, dar ensejo à emergência de conteúdos mais autênticos, porque não contaminados pela peneiração e pelo tratamento teórico que lhe empresta o profissional, sujeito a introduzir distorções ligadas aos vícios do ofício.

Comunicação cênica

Como a cena que ocorre no palco é uma história que está sendo contada, os narradores — os atores — devem estar imbuídos da sua missão de comunicadores.

Assim, não se trata de apenas viver os papéis, mas de desempenhálos para serem sabidos, vistos e ouvidos. Essa é, afinal de contas, a missão estética assumida pelo teatro.

Como no teatro espontâneo os atores não são treinados para essa tarefa, cabe ao diretor ajudá-los, criando as condições para que o espetáculo alcance o melhor de sua beleza potencial.

Uma cena em que um personagem está deitado de costas, por exemplo, pode ter sua visibilidade prejudicada. A um simples toque do diretor, o ator pode deitar-se de lado, voltado para a platéia, e isso é suficiente para que a cena ganhe mais força. A mensagem, longe de ser descaracterizada, é antes reforçada por esse pequeno detalhe.

O mesmo quanto à audibilidade do que se fala em cena. Não tem sentido a platéia ficar alheia ao diálogo entre os personagens, simplesmente por não poder ouvi-lo. No teatro, vários são os recursos que se utilizam para tornar audíveis os sussurros, os cochichos, as coisas ditas ao pé do ouvido. Esses truques devem ser ensinados pelo diretor aos atores, no ato, para que não se quebre a relação entre palco e platéia.

Esse cuidado representaria uma obstrução da espontaneidade, na medida em que o ator "quis" deitar-se de costas, ou então "quer" mesmo falar baixo? Não, pelo menos na maneira como a teoria psicodramática entende espontaneidade, que não é sinônimo de voluntarismo, mas de

130

liberdade para encontrar a melhor solução, em determinada situação. Sem contar que a preocupação com a comunicação favorece o desbloqueio das manifestações emocionais — um dos objetivos perseguidos pelo teatro da espontaneidade. Entra um novo personagem em cena. Quem sabe quem é ele? Se apenas o ator e o diretor, a encenação pode ficar truncada, em função da perplexidade dos atores que já estão atuando, bem como se perturba a comunicação com a platéia. Se o ator que faz esse novo personagem não percebe a necessidade de se identificar rapidamente, introduzindo no texto alguma fala que facilite a todos saberem de quem se trata, cabe também ao diretor auxiliá-lo, criando algum recurso ágil que supra essa deficiência estética. Com isso, ele não estará interferindo negativamente no processo criativo, mas sim participando, com o seu quinhão, do esforço coletivo de produção, colocando a serviço do grupo a sua experiência, o seu saber específico e o seu senso artístico.

Na mesma linha de raciocínio, cabe considerar a utilização de recursos auxiliares, destinados a ampliar a força dramática da encenação.

Algumas salas, onde se realizam eventos de teatro espontâneo, possuem alguns equipamentos de iluminação teatral: luzes coloridas, lâmpadas focais, modulador de intensidade. Colorir uma cena, focalizar um personagem ou um ato específico, crescer a intensidade da luz junto com o volume da voz numa cena de grito são importantes ajudas para fazer da narração uma mensagem diretamente voltada para a emoção do ator e do espectador.

O mesmo se pode dizer do som, que tanto pode ser uma música de fundo como um ruído específico que ajude a criar o clima da cena.

Os grupos de teatro espontâneo que se utilizam do modelo do *playback*, em que um grupo de atores encena as histórias contadas pelo público, costumam incluir na trupe pelo menos um responsável por fazer o som e no camarim vários objetos que produzem os mais diversos tipos de ruídos.

No processamento de um evento psicodramático em que utilizei o *playback*, experimentei, quase casualmente, introduzir música ao vivo nos intervalos entre a narração da história e o início da encenação. O efeito foi muito positivo, o que levou companheiros a introduzirem em seus respectivos grupos um banquinho e um violão como recursos de aquecimento inicial, de embelezamento do espetáculo como conjunto e de intensificação do clima das dramatizações.

A força cênica também pode ser intensificada quando se utilizam objetos que concretizam fisicamente as tensões que estão sendo vividas no palco, auxiliando os atores na focalização do conflito e a platéia no acompanhamento de detalhes que de outra forma poderiam passar desapercebidos.

Faixas de pano e elásticos suficientemente longos e largos podem auxiliar em cenas de contenção de movimentos, vendas nos olhos quando se trata de dificuldade de enxergar, pesos nas costas, saco de pancadas que facilitem agressões físicas destemperadas são alguns exemplos que podem indicar o caminho da criatividade dos diretores que querem incrementar a qualidade de seu trabalho.

Tudo isso, sem deixar de lado aquele que é o mais simples de todos os recursos: atuar concretamente as figuras de linguagem que são inadvertidamente introduzidas no discurso dos atores. Pegar no pé, um chute no traseiro, um soco no estômago, quebrar a cara, ser reduzido a pó de traque, retirar coisas do baú, dançar, ajoelhou tem que rezar, pedir penico, jogar a toalha, dar chapéu, pedir o boné, receber bilhete azul, perder as estribeiras, tirar a sorte grande, mijar para trás, botar o rabo entre as pernas, pendurar as chuteiras, ganhar no grito, abrir as pernas, pintar sujeira, brochar, perder tesão, lamber o rabo do outro, o tiro saiu pela culatra, dar com os burros n'água, comer o pão que o diabo amassou, ficar a ver navios, blefar, cantar o jogo, cantar de galo, pisar no tomate, pisar na bola, bater com o pinto na mesa... inúmeras outras expressões podem ser transformadas em atos concretos, enriquecendo a vivência e a comunicação teatrais.

Por que dramatizar

Quando se discute o teatro convencional, não se discute muito o porquê da encenação. Ela é o cerne da própria arte, e as especulações sobre o que significa escolher esta ou aquela arte não costumam estar entre as preocupações do artista. Quando muito interessam ao crítico, ou mais precisamente ao filósofo que se sente atraído por temas ligados à estética.

Quando o assunto é teatro espontâneo, entretanto, essa questão costuma ser levantada com certa insistência. Talvez porque não se tenha o hábito de ver o teatro espontâneo como manifestação artística pura e simples, privilegiando-se sua abordagem de um ponto de vista utilitário. Para que serve? O que tem a ver dramatizar com o serviço desejado?

A perspectiva da utilidade entrou cedo na história do teatro espontâneo, quando se constatou seu potencial pedagógico e terapêutico, dando então origem ao psicodrama.

A luta por um lugar ao sol, que já se desenhava quando ainda se almejava apenas uma forma alternativa de fazer teatro, tornou-se muito mais renhida quando ela se inscreveu como pretendente ao inexpugnável lugar ocupado pela psicanálise, como ferramenta para o manejo científico da felicidade humana. É preciso demonstrar como é esse produto, como funciona e para que serve. Vamos falar um pouco disso.

Des-dramatizar

Dramatizar para des-dramatizar.

A idéia de des-dramatização vem associada à de que a repetição de uma experiência traumática, em situação controlada, oferece a oportunidade de liberação de emoções intensas que não encontraram canal apropriado para se expressarem na ocasião em que ocorreram.

Sob esse aspecto, esse pressuposto se aproxima da teoria do "grito primal", sendo a dramatização um instrumento para se restabelecer o clima emocional originário e ensejar a purgação da experiência inconclusa — ou mal concluída.

Por outro lado, a des-dramatização implicaria a chance de encontrar uma finalização diferente da original, para o episódio em questão, mediante a aplicação do princípio da realidade suplementar.

Esse princípio é aplicável mesmo quando se considera que a cena revivida não corresponde necessariamente à que efetivamente se viveu alhures. É perfeitamente possível que o fato pode, inclusive, nem ter acontecido, sendo apenas uma criação — ou recriação — do sujeito, manifestação primária da realidade suplementar que se busca no cenário psicodramático.

Dentro dessa perspectiva, vale refletir um pouco mais sobre o que significa pedir ao protagonista que procure relembrar uma cena do seu passado para ser dramatizada.

Existe uma forte corrente dentro do psicodrama tradicional que considera esse procedimento a forma privilegiada de se trabalhar, entendendo que a solução dos conflitos presentes passa necessariamente pela descoberta e resolução da chamada cena nodal. Esta seria não apenas uma vivência traumática em si. Poderia ser também o símbolo de todo um sistema de relações que cria para o indivíduo entraves pelo menos aparentemente insuperáveis, mas poderia representar também o núcleo de um *cluster* de papéis. Daí a importância que se atribui ao encontrar e desfazer esse nó, ao qual a via de acesso seria a dramatização da cena crítica.

133

Para aproveitar todo o potencial que essa alternativa oferece, é imprescindível, entretanto, que se abandonem efetivamente as veleidades de reprodução da experiência originária tal e qual e, mais do que tudo, o pressuposto recôndito de vitimização do protagonista.

Há, por outro lado, outras possibilidades tão ou mais ricas do que essa, nas quais a abordagem direta dessas cenas traumáticas não constitui condição para que o efeito terapêutico do teatro espontâneo seja alcançado.

Multiplicação de sentidos

O conceito de des-dramatização pode, inclusive, ser ampliado, incorporando a idéia de multiplicação de sentidos, ou seja, de que o que importa é que o sentido usual atribuído à experiência possa ser des-conservado. Em seu lugar se abriria um novo leque de possibilidades, tanto conscientes como dos movimentos vitais, o que favoreceria a espontaneidade, na acepção psicodramática de liberdade em relação ao já pronto e conservado.

A utilização de recursos dramáticos para conseguir esse objetivo se justifica pelo fato de que a dramatização é um jogo bastante complexo, em que a virtualidade de criação é potencializada, ampliando por isso mesmo as possibilidades do jogar. E o mais interessante é que, na acepção de jogo como a atividade que desenvolve o indivíduo saciado e que, pelo descompromisso, amplia os seus recursos adaptativos, o teatro espontâneo permite um não acercar-se dos conflitos de forma tensa e paralisante, permitindo a distância que relaxa o campo e, como conseqüência, o ilumina.

Como os novos sentidos não são suscetíveis de serem oferecidos por alguém que vê de fora, mas devem ser descobertos, uma das regras fundamentais da dramatização é que toda e qualquer fantasia que ocorra aos atores deve ser colocada em cena, deve ser atuada, transformada em ação.

São esses fluxos nômades que são portadores de novas perspectivas para a vida; eles não se encontram integrados porque não se lhes dá guarida, porque não encontram autorização para isso, porque podem transformar o que já vem sendo. Na medida em que sejam acolhidos no cenário do teatro espontâneo, serão responsáveis por um processo de abertura cujo resultado final é sempre imprevisível.

Acontece também que nem sempre eles podem ser incluídos na história oficial de vida elaborada pelo ator protagônico, nem pelo grupo protagonizado. Tentar re-escrever essa história pode ter o mesmo sentido que colocar os sonhos na camisa-de-força do discurso racional.

134

Construir o conhecimento

Dramatizar implica mergulhar na busca de um novo saber. É sempre uma aventura, porque nem sempre se sabe o que se está procurando. Como toda forma de arte, começa com uma intuição por vezes vaga e imprecisa. Mesmo a construção inicial do cenário, dos personagens, do primeiro rascunho do enredo, quando se tem que tornar concreto o ponto de partida, tudo isso é feito na forma de aventura, sem nenhuma certeza do ponto de chegada, nem se é isso mesmo que se quer.

Colocada a cena em movimento, assiste-se ao despertar de emoções, fantasias, rememorações, *insights*, impulsos, idéias, saberes, numa sinfonia que incorpora desde o ator protagônico e o diretor, que estão no centro dos acontecimentos, até os espectadores, passando pela equipe e pelos outros atores. Cada um traz a contribuição que pode, inclusive os nãos que funcionam como freios e limites. No conjunto, o produto elucida o momento significativo de vida do ator protagônico, do grupo, da comunidade mais ampla em que estão inseridos, da história coletiva.

O conhecimento assim alcançado é mais abrangente que o cognitivo, porque se dá conscientemente, o que inclui os sentimentos e as emoções presentes, a integração da história, a transformação do sistema.

Se se pretender destacar dessa experiência uma visão racional, o teatro espontâneo oferece a sua contraparte, que é o referencial sociométrico, um instrumento teórico que permite mapear as relações e diagnosticá-las, dentro da perspectiva de que o conhecimento se adquire na medida em que se age sobre a realidade para transformá-la.

De acordo com as premissas da confecção desse instrumento, o mapeamento representa uma tentativa de engessar a fugacidade, por uma necessidade da mente humana que não é essencialmente da sua natureza bruta, mas resultante de sua interação com o próprio meio cultural na qual se desenvolve.

O diagnóstico não teria, nesse caso, o mesmo significado que a ele se atribui no modelo clínico, de uma categorização instrumental na busca do conhecimento; seria antes uma forma de codificar o conhecimento alcançado para poder ser transmitido naquilo que é transmissível e fixado naquilo que é fixável.

Também fica superado o enfoque no indivíduo, fruto de um modelo lógico que considera a descompensação individual como resultado de falhas no funcionamento da pessoa em questão, sem referência senão periférica ao sistema do qual ela faz parte.

Nesse aspecto, o teatro espontâneo ajuda a superar uma das distorções históricas do psicologismo, que é fazer uma análise da personalidade ou da grupalidade, identificando a "doença" do paciente e transformando-a num indigitamento: "Você não sabe lidar com esse tipo de sentimento", "Veja como você faz: (aponta-se um erro a ser corrigido)", "O que está atrapalhando este grupo é o excesso de competitividade", "Você está repetindo o modelo familiar" e coisas do gênero. O que em geral — e com razão — é respondido com a indefectível pergunta: e daí, o que é que eu faço?

Até porque a própria tentativa de racionalizar o acontecido por meio do mapeamento sociométrico é uma tarefa a que a equipe técnica se entrega *a posteriori*, não se incluindo entre as práticas rotineiras do teatro espontâneo como tal: a sessão se encerra com a dramatização ou, no máximo, com o compartilhamento.

Solução de problemas concretos

A dramatização oferece uma oportunidade muito boa para se equacionar problemas práticos que estejam ocorrendo tanto no contexto grupal quanto no social.

Muitas vezes o próprio aquecimento dramático é suficiente para lançar luzes novas sobre a situação conflitiva, o que leva o grupo a dar por encerrada, nesse nível, a sua tarefa.

Um exemplo bastante comum desse fenômeno é a utilização de imagens esculturais que expressem o impasse enfrentado. Ao ter que concretizar as forças em oposição paralisante, monta-se a equação. Quem se lembra da velha matemática ginasial sabe que essa é a fase mais difícil na resolução de um problema; depois disso, o que vem na seqüência são operações rotineiras.

Essa finalidade pode parecer, para muitos, em função de valores acalentados, um objetivo menos nobre, uma terapia superficial, mecanicista ou pragmatista.

Lembro, entretanto, que soluções fáceis só são encontradiças para problemas fáceis. Por outro lado, todo problema se afigura difícil, até que seja reorganizado o campo perceptual, quando então toda a dificuldade desaparece como que magicamente.

Reorganizar o campo perceptual só é possível numa condição de espontaneidade, quando se consegue um desvencilhamento da organização anterior, a mesma que provavelmente já havia conduzido a um beco sem saída.

O que o teatro espontâneo pretende é favorecer o desenvolvimento da espontaneidade. E é exatamente aí que temos a oportunidade de não nos contentarmos com o clareamento imediato eventualmente proporcionado pelos passos iniciais de uma dramatização. Podemos aprofundar o trabalho, levando a cena até o fim, proporcionando a experiência completa de co-criação, o "barato" da arte.

Criar

Dramatiza-se para se viver a experiência da criação.

Os desafios que esse processo criativo apresenta são vários.

Em primeiro lugar, coloca-se a necessidade de que cada um faça as coisas em conjunto com os demais, de forma articulada, criando a compatibilidade entre as diversas contribuições individuais e estimulando a criatividade a partir desses aportes.

Não se trata de uma situação comum na vida das pessoas. Mesmo quando estão acostumadas a trabalhar em conjunto, ou a repartir com a família a responsabilidade pelo viver sob o mesmo teto, essas relações são fundadas numa rotina, com regras consuetudinárias que permitem a existência de um sistema de expectativas tão bem estabelecido que poucas são as frustrações decorrentes de avaliações equivocadas a respeito de como será o comportamento do outro. Pode até haver inconformismo, não-aceitação, tentativa de mudar o outro, cobranças, desavenças. Mas de modo geral sabe-se como o outro vai agir.

Numa tarefa de criação grupal, muito dificilmente se podem fazer previsões a respeito de qual vai ser a participação dos demais companheiros. A não ser que não seja tão criativa! E mesmo neste caso, persiste o desafio: como se articular com comportamentos estereotipados numa situação em que se exige criatividade coletiva?

Por outro lado, o aspecto multifacetário do teatro, que faz com que muitos até o considerem como a arte completa, ou a cimeira das artes, abre um leque infinito de possibilidades em cada uma das formas artísticas que o compõem: literárias, musicais, visuais, plásticas, expressivas — verbais, corporais e cênicas e assim por diante.

Há ainda a relação singular que se estabelece com o público, porque este é também parte do processo criativo, ao mesmo tempo ator e espectador, produtor e consumidor, agente e paciente — como no resto da vida, aliás.

Não se participa impunemente de uma experiência de criação pela criação, na medida em que ela enseja a descoberta ativa de uma nova possibilidade para a vida: a liberdade para o novo, em harmonia com o semelhante.

Quando dramatizar

Os eventos de teatro espontâneo que não estão incluídos dentro do processo de psicoterapia de grupo costumam ser eventos singulares, ou pelo menos parte de uma maratona intensiva. Nessas ocasiões, nunca ocorre perguntar se o grupo está ou não em condições de dramatizar. Propõe-se o aquecimento, caminha-se deste para a encenação e termina-se com um compartilhamento, numa seqüência praticamente universal para todos os eventos.

No entanto, uma hipótese que tem sido insistentemente levantada é a de que nos grupos de psicoterapia psicodramática haveria uma fase inicial, em que a grupalidade ainda se encontra em seus primeiros passos, quando então seria desaconselhável propor uma dramatização. Essa idéia se choca frontalmente com a experiência do teatro espontâneo. Provavelmente, a questão se coloca em termos de aquecimento. Num evento singular, considera-se indispensável preparar os participantes para a tarefa de fazer teatro de improviso. Daí que todas as propostas de exercícios e jogos têm como meta disponibilizar as pessoas para o que delas se vai solicitar na seqüência.

É provável que a intenção do diretor/terapeuta, quando inicia as atividades de um novo grupo, esteja voltada para outros objetivos, aquecendo o grupo, ao longo de várias sessões, para outro tipo de tarefa, qual seja aprofundar a confiança mútua, criando condições para que se confessem intimidades que necessitam de muito bons ouvidos.

Por outro lado, há uma discussão interessante sobre a natureza do grupo no teatro espontâneo. Uma das hipóteses é de que não se trata de um grupo propriamente dito, mas sim de um agrupamento. A diferença é que no primeiro existe um sentido de identidade e de continuidade temporal, característica que falta ao grupo que se reúne uma única vez e, findo o trabalho, se dispersa, para nunca mais se reencontrar.

Essa diferença poderia ter alguma repercussão na disponibilidade para a criação coletiva, no nível de exigência quanto à confiabilidade dos parceiros, na permissão para "enlouquecer".

A se confirmar essa hipótese, o trabalho de aquecimento com grupos permanentes, em contraposição aos eventuais, deveria buscar uma espécie de "regressão" da condição de grupo para a de agrupamento, para conseguir um terreno mais propício à proposta do teatro espontâneo. Mesmo o psicoterápico, dado que, tendo em vista o potencial transformador da experiência de encenação conjunta de um texto co-criado, poder-se-ia considerar um verdadeiro desperdício deixar de dramatizar numa sessão de psicodrama.

Outra questão que se coloca quanto à oportunidade de dramatizar é nos casos de trabalhos com grupos leigos. O grande temor é que as pessoas estejam muito travadas, muito cerebrais, pouco disponíveis para a aventura do "como se". Além do mais, vigora um grande preconceito contra a utilização de problemas de ordem privada como analogia dos conflitos intragrupais.

O importante, nesses casos, é ter ouvidos sensíveis à comunicação do grupo. A travação e a recusa são indicadores preciosos para o diretor de teatro espontâneo, que não pode violentar impunemente a sabedoria grupal. Com essas atitudes, muito provavelmente o grupo estaria dizendo que não existe confiança suficiente para a entrega que se lhe solicita. O que significa, em linguagem técnica do teatro espontâneo, que não há aquecimento suficiente ou adequado. Um desafio ao diretor, especialmente se ele se inscrever entre os que programam um conjunto de atividades de aquecimento e não estão em estado suficientemente criativo para corrigir a rota, quando estiver equivocada.

Em síntese, não há grupo que não dramatize. Há, isso sim, grupos que demandam melhor aquecimento para que cheguem lá.

A generosidade do ator

Este parece ser um dos aspectos mais importantes e menos valorizados na história do teatro espontâneo e seus desdobramentos.

Em teatro, é impossível a comunicação do ator com o espectador se o primeiro não assumir diante desse seu parceiro uma atitude generosa. O mesmo ocorre na relação dos atores entre si.

A generosidade tem a ver com disponibilidade e abertura para o outro. Pode eventualmente traduzir-se em doações concretamente identificáveis, mas se define muito mais por um estado de espírito favorável ao bom entendimento e à parceria. Não deve ser confundida com bondade cristalizada, tampouco com sentimentos piedosos diante da fragilidade alheia. A generosidade pode eventualmente concretizar-se até mesmo numa agressão, quando este é o comportamento mais comprometido com o outro que pode ocorrer, em determinada circunstância. Ao mesmo tempo, ela está presente também em relações que ocorrem em momentos de fortaleza (porque ninguém é forte ou fraco, firme ou frágil).

O ator está contando uma história e tem que estar atento ao seu interlocutor, para que seja eloqüente e possa acertar o alvo, alcançando a emoção estética. Entre os seus pares, que atuam com o mesmo objetivo, não pode haver complementaridade criativa e mensagem convincente, se a generosidade não presidir a parceria também no palco.

Qualquer atitude desdenhosa em relação ao público ou aos demais atores pode comprometer irremediavelmente o teatro espontâneo, seja ele de que natureza for.

Pode parecer uma posição moralista, mas não se trata disso exatamente. Define-se, antes, como um desafio ao diretor que, ao verificar que os sentimentos estão circulando fora desse patamar, tem que tomar algum tipo de providência. Mais uma vez, de aquecimento.

9

A CONSTRUÇÃO DA TEORIA

A teoria psicodramática está sempre por se construir e ao mesmo tempo está sempre em construção.

Esse fato tem um lado negativo, porque espanta muita gente que estabelece como critério para aceitação de uma proposta que ela apresente uma fundamentação teórica sólida, bem estruturada, cientificamente convincente.

Mas, ao mesmo tempo, esse edifício inconcluso permite que cada um possa nele se instalar e personificar os parâmetros do seu trabalho e a respectiva avaliação crítica.

A massa de conhecimentos acumulados através dos tempos fica disponível não como um sistema fechado, mas como uma obra aberta, que cada um continua ao seu modo, buscando e acrescentando novas vertentes e novas possibilidades.

É possível que o campo fique tumultuado pela falta de uma referência mais universalmente aceita, que exerça, em termos do corpo teórico, funções análogas às da espinha dorsal. Também pode acontecer que se instale a incomunicabilidade dos construtores da torre de Babel, se a pretensão for semelhante à dos empreendedores ironizados pela história

141

bíblica, ou seja, além de quererem alçar-se aos espaços da divindade, fazê-lo por meios tão estúpidos. A teoria humilde é aquela que reconhece que só tem sentido como reflexão sobre a prática. É por meio dela que se avaliam as ocorrências, para compreendê-las e aperfeiçoá-las. E quem tem que fazer essa reflexão é, necessariamente, quem executa essa prática. Pode fazê-lo solitariamente ou em conjunto, compartilhando experiências ao vivo ou por meio de textos impressos, mas tem que estar sempre totalmente envolvido nesse processo. A prática sem reflexão é atuação, se não irresponsável, no mínimo medíocre.

O resultado concreto da reflexão não importa tanto quanto o ato de pensar. Entrar em contato com o que outros pensaram (e publicaram) enriquece, mas não pode substituir o trabalho de cada praticante de digerir e questionar seu próprio fazer.

Assim, quando se fala que determinada atividade, como o psicodrama, não tem suficiente embasamento teórico, pode-se estar incorrendo num equívoco fatal: tudo o que é novo não tem um arcabouço teórico prévio, porque o ciclo é sempre dialético: um questionamento, por menor que seja, sugere uma experimentação; esta é avaliada, suscita novas questões e, conseqüentemente, nova prática; esta enseja tanto um pensar sobre o imediato como sobre o conjunto da experiência e assim por diante. A teoria se constrói passo a passo, junto com a prática.

Teoria não é cartilha, nem manual de operações. A teoria assim concebida, na prática é outra, como diz o refrão.

Como então explicar que nem sempre os grandes teóricos são grandes praticantes? Talvez porque esse enfoque voltado exclusivamente para o indivíduo — o mesmo que faz é o mesmo que pensa — esteja embutindo exatamente a visão que considero equivocada. Nenhum indivíduo tem existência à parte de um sistema, de um conjunto de pessoas e fatores que se entrecruzam como forças que estruturam um campo. A tarefa de fazer e pensar pertence à coletividade nela envolvida, e toda ação coletiva necessita de uma distribuição de papéis. Só que estes só fazem sentido dentro de sua articulação com o todo, e é aí que o fazer-pensar pode comportar variações de um indivíduo para outro.

O espólio psicodramático é muito rico, principalmente pelo fato de que seu criador era um homem que fazia e pensava muito. Nem sempre com a disciplina de uma atuação bem planejada, constante, teimosa mesmo; tampouco com a genialidade dos grandes fazedores de sínteses. Mas o legado de sua obra nos permite usufruir de sua experiência sem necessidade de reinventar a roda.

142

Há, entretanto, um desafio, que Ítalo Calvino inclui entre suas propostas para o próximo milênio: a exatidão. Segundo esse autor, exatidão é clareza e não camisa-de-força. O uso preciso de conceitos envolve a rigidez estrutural do cristal e a fluidez dinâmica do fogo. A importância da exatidão no uso de conceitos seria uma forma de fundir palavra e realidade: a palavra cria ao mesmo tempo em que descreve realidades; ela é a própria realidade.

Aos pensadores do teatro espontâneo se pede que caminhem no sentido de trabalhar com conceitos mais exatos, de modo a criar um canal de comunicação mais fácil com os companheiros que atuam em outras áreas afins.

Seria também um antídoto poderoso contra a tendência ao tribalismo, ou seja, a atitude coletiva que consiste em erigir o grupo de pertença e referência em adversário dos demais grupos, em especial de um outro que possa ser erigido como a encarnação do mal.

As bases teatrais

Ora, os principais conceitos do psicodrama têm sua origem nas experiências pioneiras com o teatro da espontaneidade, o qual, por sua vez, foi buscar no teatro convencional alguns termos já consagrados.

Transportar o modelo do teatro para as relações sociais é reconhecer o potencial analógico do teatro como modelo de compreensão desse importante aspecto da vida humana.

Alguns desses conceitos foram absorvidos por outros ramos do conhecimento, principalmente o conceito de papel, adotado pela sociologia, e o de espontaneidade-criatividade, pela psicologia. É evidente que, para servirem a outros propósitos, tiveram que ser redefinidos. Ao retornarem, com as descobertas que viabilizaram, para o campo do teatro espontâneo, e principalmente da teoria psicodramática, pode-se constatar que há diferenças de acepções que por vezes chegam a confundir: não é mais possível considerá-los como descrevendo a mesma ordem de fenômenos e se não se levar isso em conta, o reencontro pode ser mais danoso do que proveitoso.

É o caso, por exemplo, do conceito de papel social explorado por Rocheblave-Spenlé e do conceito de vínculo pesquisado por Pichon-Rivière que, quando tomados como referência para esclarecer fenômenos psicodramáticos, nem sempre logram consegui-lo.

Incluo nesse caso outro, talvez mais grave, que foi a tentativa do próprio Moreno de correlacionar o conceito de tele com o de transferência, na acepção consagrada pela psicanálise. Ao fazê-lo, acabou propondo como contraponto de um fenômeno relacional (tele) um fenômeno psíquico-individual (transferência), e o resultado disso todos os psicodramatistas conhecem, ou seja, uma imensa confusão que impede inclusive o aproveitamento do potencial que tem o conceito de tele, na sua formulação original.

Como meu objetivo, aqui, não é o de aprofundar a discussão teórica, mas sim apresentar uma visão de conjunto dos referenciais do psicodrama/teatro espontâneo, menciono alguns dos principais conceitos cuja correlação com o teatro me parece mais evidente. Como eles têm sido repensados constantemente, guardam alguma diferença em relação à acepção mais comumente encontradiça, pelo que a menção vem seguida de um breve comentário que incide principalmente sobre os aspectos repensados e que têm importância para caracterizar nossa atuação.

O caráter relacional do conceito de papel

O termo psicodramático mais escancaradamente teatral é, sem dúvida, o conceito de papel, introduzido quase simultaneamente na socionomia e na sociologia, como uma analogia capaz de dar conta de importantes fenômenos dentro dos respectivos campos.

Com efeito, numa peça de teatro, tem-se um texto predefinido e a representação deve transmiti-lo convincentemente ao público, por intermédio dos atores, sendo que cada um deles, em princípio, desempenha um personagem. Cada ator tem a sua parte no *script* e deve obedecê-la, ao atuar, uma vez que só assim as diferentes partes podem articular-se num todo consistente, significativo e eloqüente. Se um dos atores modifica seu personagem, por pouco que seja, obriga todos os outros a também alterarem suas respectivas atuações, para reajustar o todo, sob pena de a representação desandar.

Nesse sentido, o papel não é apenas uma imposição arbitrária e autoritária do dramaturgo ou do diretor. É um parâmetro que serve de guia para o comportamento individual, com o objetivo de garantir que o coletivo seja harmonioso. O autor explicita sua proposta no texto que escreveu. O diretor retoma essa proposta, adequando-a a seus referenciais estéticos, e assim os atores são informados a respeito do projeto dramático a ser concretizado. Se o diretor é democrático ou não na sua forma de dirigir, se as decisões configuram uma gestão participativa, ou se o ator em particular tem maior ou menor liberdade de criação para edificar seu personagem, essas são vertentes importantes no que diz respeito à forma de se estabelecerem os papéis, mas não dizem respeito à definição conceitual destes.

A articulação dos diferentes papéis constitui um sistema de expectativas: cada ator pode esperar o que o outro vai fazer e atuar em consonância com essa expectativa, tendo a certeza de que as complementaridades se encaixarão conforme o previsto.

No teatro espontâneo, o conceito de papel se reformula para atender às exigências de um teatro onde não há um texto prévio, onde a narrativa vai sendo elaborada sobre o palco, na medida em que vai sendo representada.

Nesse ajuste, algumas características do papel no teatro convencional são conservadas, como, por exemplo, o fato de que os personagens, salvo exigências da própria história, devem ser constantes e bem identificados, bem como o fato de que há sempre um personagem central, o protagonista, em torno do qual se tece toda a trama.

O fator que unifica os diferentes personagens é o projeto dramático que, no final das contas, é o que define quantos e quais personagens são necessários e qual é a linha-mestra da atuação de cada um; no caso do teatro espontâneo, esse projeto é a própria história em construção.

Essas premissas implicam alguns corolários que as distanciam da forma com que o termo papel é utilizado tanto no âmbito da psicologia quanto da sociologia e, mesmo, do próprio psicodrama, em sua versão mais conhecida.

O primeiro é de que é impossível compreender um papel fora da relação concreta em que ele é desempenhado. Vejamos algumas acepções em que esse pressuposto não é exatamente contemplado:

– Papel como área de atividade

Descreve determinado aspecto do comportamento humano, que encerra algum grau de complexidade, todavia sem qualquer referência ao contexto específico em que ocorre a conduta em questão, tampouco às complementaridades exigidas para que essa atuação se torne efetiva. É assim que se pode falar, genericamente, de papel sexual, de papéis de gênero, de idade cronológica e assim por diante. Ou ainda dos famosos "papéis psicossomáticos", principalmente aqueles considerados estruturantes do "eu": os de ingeridor, urinador e defecador.

– Papel como equivalente de papel social

Refere-se ao conjunto de atividades que têm a ver com uma posição específica ocupada por determinado indivíduo como membro de uma coletividade. É assim que se fala de papel de pai, dona-de-casa, rufião, professora, juiz de futebol, advogado etc. Para alguns desses papéis se admite a existência de papéis complementares, também em nível da estrutura social, mas esse fato não costuma ter muita importância, seja na construção teórica seja na análise de casos concretos.

– Papel como um conjunto de regras internalizadas

Descreve a imagem interna que o indivíduo tem das normas relativas aos papéis que deve desempenhar. Esta forma de entender o conceito é que abre margem para estabelecer críticas à organização social, na medida em que seria por meio das prescrições de papel que a sociedade constrangeria os indivíduos a se enquadrarem dentro de preceitos cujo benefício não contempla exatamente aqueles que a eles se sujeitam.

– Papel como parte da personalidade

Neste caso, o papel seria uma entre muitas facetas que adquire a personalidade. Na medida em que o indivíduo vai incorporando formas de comportamento próprias dos diversos papéis que desempenha na vida, determinados cacoetes desses papéis vão compondo seu repertório de atuação generalizada, ou seja, vão "invadindo" outros papéis, porque passam a fazer parte da "máscara" como tal.

Em todas essas acepções, a dinâmica papel-contrapapéis não é levada em conta, tampouco o aqui-e-agora em que os papéis se concretizam, muito menos as pessoas concretas neles envolvidas.

Trata-se não apenas de uma corruptela compreensível, por força da tradição psicológica que centraliza todas as preocupações e investigações no indivíduo e não tem olhos para a sociodinâmica. A coisa vai mais longe, porque além do empobrecimento do conceito, ocorre uma típica distorção, com características psicóticas e psicotizantes: toma-se a parte pelo todo, amputando o fato relacional e fazendo de conta que não existem as intercomplementações que, de fato, constituem a relação concreta.

Ao privilegiar as sensações e os processos mentais que acompanham e refletem as experiências de vida de um indivíduo, volta-se o olhar para o dedo que aponta em vez de contemplar o que está sendo apontado.

A subjetividade, que todos sabemos que só se constitui na intersubjetividade, é extraída de seu contexto e pesquisada como se este inexistisse.

A perspectiva teatral nos arranca dessa trilha viciada, abrindo-nos uma faceta deslumbrante da vida que é a imperiosidade da construção

146

coletiva, permitindo-nos constatar, por nossa própria observação, que no tear em que se produz o tecido social não existe trama sem urdidura. Não há individualidade fora da coletividade; ambos devem ser vistos como um todo indissociável. De outra forma, não há teatro: nem texto, nem espetáculo, nem arte.

A espontaneidade do teatro espontâneo

Diferentes concepções de espontaneidade podem presidir distintas concepções de teatro espontâneo.

No meu modo de ver, a espontaneidade tem a ver com o fato de que cada ator vai ter que criar e desempenhar o seu personagem, na medida em que as coisas vão acontecendo. E para tanto precisa estar de mãos soltas, desvencilhando-se de formas estereotipadas de atuação, de critérios coercitivos de avaliação social de sua conduta, de travas históricas pessoais ou coletivas.

Só que essa criação tem uma referência indispensável: a história que está sendo contada. Qualquer ação de qualquer ator tem que estar inserida nesse todo; se sair fora, ou compromete a integridade ou desencadeia uma transformação global. E é aí que se pode verificar o caráter de adequação que se atribui ao ato espontâneo.

Ou seja, o ato espontâneo não é um ato qualquer, por mais criativo que seja, por mais que expresse o desejo de quem o pratica, por mais livre de regras que possa parecer. É preciso que ele seja uma resposta que verdadeiramente responda aos estímulos do momento — no caso, o enredo que está sendo edificado e a comunicação que se pretende com a platéia.

Tele

Quando se tem um estado de espontaneidade tal que todos os atores vão criando em conjunto, ocorre um fenômeno inteiramente novo, a tele-relação. Ele só é identificado quando, definidos os papéis em seus atributos mínimos, indispensáveis para garantir a estrutura do texto, os atores conseguem desenvolver entre si um sistema de expectativas inteiramente novo, de tal forma que mesmo não tendo o *script* predefinido, conseguem complementar-se por um processo quase mágico. O perceber à distância tem a ver com essa possibilidade, típica do estado de espontaneidade coletiva do teatro espontâneo.

Dentro dessa acepção não faz sentido considerar tele como uma habilidade específica ligada a determinado indivíduo. Tele é um fenômeno da relação: constatar que uma relação está sendo télica é diferente de dizer que o indivíduo A tem uma boa tele, ou que os indivíduos A e B, envolvidos na relação, têm, cada um de *per se*, boas teles.

No teatro espontâneo, nenhum ator tem boa tele. O que acontece é que, em dado momento, num evento específico, o grau de aquecimento conseguido permite que se entrecruzem as ações em tal grau de harmonia e criação que podemos dizer: o elenco atuou telicamente. Essa foi a grande descoberta dos experimentos pioneiros no teatro da espontaneidade.

Co-inconsciente

Como se explicaria essa "mágica"? Uma das hipóteses é a de que a participação de todos numa mesma cultura, construindo solidariamente uma história comum, possibilita um partilhamento de padrões, informações, expectativas, sensações, percepções, sentimentos, motivações, movimentos, de forma por vezes co-consciente, por vezes co-inconsciente. Como partes de um mesmo todo, podem, em dado momento, expressar esse todo conjuntamente, mesmo sem terem combinado antes o que cada um deveria fazer para que isso desse certo.

Projeto dramático

Esse é mais um conceito que se presta a confusões, quando desvinculado do seu contexto. O que ele pretende descrever é o fator estruturante de um grupo, experimentalmente sintetizado na pergunta: "Para que estamos juntos?".

A existência de um projeto dramático se verifica, no teatro, em pelo menos dois níveis: o do texto e o do espetáculo.

O texto teatral relata uma história, revela uma trama. O dramaturgo inclui em sua obra os personagens, cada qual com suas características próprias e com sua função dentro do enredo. A evolução das cenas tem uma costura invisível, uma concatenação que pode ser identificada num exame atento, de tal forma que pouco a pouco as ações dos personagens vão expondo a tese do autor. Os fatos têm uma unidade intrínseca, formam um todo; não existe nada supérfluo ou desnecessário, nada que não tenha a ver com o argumento global. Diríamos que o projeto dramático da história contada é o fator que une pessoas e circunstâncias e garante a organicidade do conjunto como um todo. Sem ele, hipoteticamente, tudo estaria desconjuntado, incompreensível, esteticamente pobre.

O espetáculo também tem seu projeto dramático, desenvolvido em função do projeto dramático do texto. Encaixam-se os atores nos personagens, os técnicos cuidam de preparar tudo e criar as condições para que a montagem constitua um todo funcionalmente ajustado, o diretor e seus auxiliares tratam de providenciar cada detalhe, de ensaiar as cenas, de fazer todas as marcações necessárias, tudo voltado para a concretização do desejo do autor, quando concebeu sua obra. Só que esse desejo já não é mais nenhum desejo "puro", porque é interpretado e contestado pelo diretor, que elabora um novo desejo, em que se fundem os do autor, os dos atores, os dos membros da equipe, os dos produtores e patrocinadores, além dos dele, diretor.

Essa idéia, extrapolada para outros contextos, aponta para os critérios que orientam não apenas as escolhas sociométricas, mas também a forma como se estruturam as relações interpessoais. Estas não se estabelecem ao acaso, mas sim em função de objetivos que são comuns porque intercomplementares. Nem sempre as pessoas envolvidas em dado projeto dramático se escolhem positiva e aprioristicamente. As forças de atração e repulsão se estabelecem na medida em que as relações vão ocorrendo e estão sempre em função da realização coletiva de algum desiderato.

O projeto dramático não se confunde, pois, com desejos individuais. É o roteiro para a viabilização do desejo coletivo.

Assim, falar em projeto dramático de determinada pessoa em particular pode ser conceitualmente inadequado, tanto quanto falar em tele de um indivíduo ou papel sem os respectivos contrapapéis.

Como poderíamos, então, caracterizar o projeto dramático? A seguir um ensaio de resposta:

- ele é sempre coletivo, nunca individual;
- ele é dinâmico, podendo definir-se e modificar-se gradativamente de acordo com as circunstâncias que cercam sua implementação;
- sua expressão mais completa é sempre analógica;
- só uma parte dele é objetivável: dá para "colocar no papel" apenas o que é mais visível a olho nu;
- dada a sua complexidade, dificilmente pode ser abarcado racionalmente em todos os níveis;
- a estruturação das relações está sempre referida a ele, a despeito de eventuais e aparentes desvios.

149

A natureza e a força de um projeto dramático podem ser avaliadas a partir de sua institucionalização. Quando se cria uma instituição, a idéia é que ela seja um instrumento para a concretização de determinado objetivo. Ninguém consegue instituir sozinho, ainda que possa idealizar uma instituição. Na prática, na medida em que as interações vão ocorrendo, em função do objetivo proposto, vai se desenvolvendo uma estrutura de relações extremamente complexa, em que a idéia original vai sendo acrisolada e refundida continuamente. A certa altura, até mesmo as contestações dos objetivos, das estruturas formais e informais, das relações de poder, do *modus operandi* e as múltiplas faces da instituição, por parte de seus integrantes atuais ou virtuais, acabam integrando, ao seu modo, o projeto dramático instituído.

A arte como conhecimento e como metanóia

O que valida o conhecimento é a experimentação científica — este é um dos postulados da ciência estruturada sobre os princípios cartesianos. Como está profundamente arraigado no pensamento ocidental dos últimos séculos, muitas das propostas não-cartesianas que têm surgido nesse meio tempo acabam buscando uma forma de se adequarem às exigências do *establishment* para poderem desfrutar de aceitação não apenas dos organismos controladores do saber, como as universidades, as instituições financiadoras de projetos de pesquisa, as entidades profissionais, os órgãos de divulgação e outros mais. Na área médica é assim que tende a acontecer com a homeopatia, com a antroposofia, com a acupuntura, por exemplo, todas elas originárias de uma concepção de mundo diversa da oficial. Foi o que aconteceu com o psicodrama, quando de sua entrada nos Estados Unidos.

A pressão social difusa que verga as formulações alternativas é a mesma que se exerce sobre a arte. Enquanto entretenimento erudito, as manifestações artísticas são não apenas aceitas como até mesmo estimuladas. Existe um mercado consumidor ávido por produções que preencham o espaço aberto ao lazer e, por que não admitir, ao supérfluo.

Mesmo as chamadas artes populares são encaradas dessa mesma forma, consumidas primeiramente no âmbito próprio de seus criadores, que aspiram em geral a penetrar no círculo social e economicamente diferenciado, quando então a fama e o sucesso poderão significar uma possibilidade de ascensão social e, ironicamente, um desligamento das fontes de onde jorraram suas obras.

Só os depreciativamente nomeados como "idealistas" é que insistem numa arte não voltada para o consumo. São os gênios que poderão um dia ser valorizados, com certeza não por sua geração — a não ser pelos mesmos "desajustados" de sempre, prontos a aplaudir o que contrarie o *status quo*, mas estes não são exatamente os que contam.

Dentro desse quadro, parece ousadia dizer que a arte é uma forma de conhecimento tão válida quanto os procedimentos reconhecidamente científicos.

Qual seria o critério de validação de seus resultados? Como podem eles ser confirmados? Que credibilidade merecem? Em geral os artistas são meio loucos, muitos têm um discurso que se não é claramente psicótico é pelo menos *borderline,* e seria muito inseguro confiar neles. Os cientistas também podem apresentar essas características, mas nesse caso há como aferir a qualidade de suas propostas e afirmações. Decididamente, a sociedade não pode fiar-se nesse tipo de pessoas e muito menos nos conhecimentos por elas transmitidos.

O psicodrama sugere uma resposta para essa questão: a validação existencial. Mas o que vem a ser exatamente isso? Esse conceito só faz sentido dentro de um quadro de referência específico, que é a própria filosofia existencial, em que o que conta é o singular e não o padrão. Torna-se destarte não só incompreensível como inaceitável para o pensamento oficial, o que faz o problema retornar ao seu ponto de origem.

A questão fica ainda mais complicada quando se propugna que a arte tem um poder de transformação e que esse potencial pode ser mais explorado do que o tem sido.

Isso porque, dentro de uma perspectiva que se preocupa com a ordem social, não faz muito sentido apostar numa mudança que não define o de onde e para onde — que é a única possibilidade da arte.

Entendo que a chamada arte-terapia, que teve seu brilho alhures, caiu em descrédito não porque se tenha constatado que o seu alcance era mais limitado do que parecia, mas muito mais porque tentou enquadrar-se dentro de uma perspectiva cientificista, objetivo desde sempre condenado ao fracasso.

Esse também é o destino do próprio psicodrama, quando tenta cientifizar-se dentro dos padrões convencionais.

No entanto, contra tudo e contra todos, a arte não só é uma forma de conquista do saber, como o é de forma privilegiada, vanguardista, com um alcance que sobrepassa muitas vezes o que consegue a metodologia científica. Como se vale da intuição, condiciona-se o contato direto com o objeto, sem mediações demasiadas que consomem energia e muitas vezes perdem o alvo. Seu poder de transformação também se potencializa, uma vez que atua tanto com os indivíduos em particular que se envolvem no ato de criação e sofrem o impacto do produto estético como também de forma macro, como o fermento que faz crescer a massa, como o que gesta as grandes revoluções. O teatro espontâneo é uma forma de arte, e nesse enfoque reside o seu maior potencial.

Mas, então, nesse caso, onde fica a responsabilidade do terapeuta que é procurado para ajudar o paciente a superar uma dor que o atormenta e que precisa ter alguma garantia de que o seu pagamento terá uma contrapartida confiável? A arte não depende de inspiração? Como fica o cliente se o profissional não estiver inspirado naquele dia ou naquela fase? Paga assim mesmo? Adia a solução de seus problemas? E como pode ter certeza de que não está tratando com um embusteiro?

Engano ledo e cego pensar que a ciência representa um verdadeiro e infalível antídoto contra o charlatanismo.

Todo terapeuta sabe que o seu conhecimento científico é limitado e é apenas instrumental e que, a rigor, o que conta é mesmo a sua inspiração, a sua disponibilidade, a magia que se instaura na sua relação com o paciente a partir da afinidade, da confiança e aceitação mútuas e um coquetel de condições muito mais ligadas à subjetividade do que ao cabedal de conhecimentos.

Danem-se então os conhecimentos? Não. Ferramentas e *know how* compõem o tripé com as mãos do cirurgião. Assim como com as do escultor, do dançarino, do pintor, do diretor de cinema, do escritor.

A arte não é caótica. O bom pintor sabe que ao usar aquarela precisa de determinado tipo de papel, e que a têmpera se obtém com determinados ingredientes e não com outros, que estes instrumentos são mais adequados do que aqueles. Ou seja, o bom artista tem que dominar a técnica. Só a técnica, porém, não faz bons artistas. Como não faz bons médicos, bons advogados, bons engenheiros, bons...

Dentro dessa perspectiva, o que se pergunta é se o diretor de teatro espontâneo e seus companheiros de equipe precisam entender de sociologia, psicologia, psicopatologia, neurofisiologia etc., para bem poderem exercer seu papel de terapeutas. Mais, se precisam adotar uma corrente específica dessas ciências como referencial básico de seu trabalho. E mais ainda, se esse conhecimento deve ser mais profundo do que o seu saber a respeito de economia, política, artes, moda, história, folclore, antropologia, filosofia etc.

Não existe conhecimento inútil quando se faz arte. Assim como não inspira credibilidade o psicoterapeuta que barbariza a gramática. Ou seja, tudo o que vier é lucro, tanto em termos de conhecimentos gerais como em termos de conhecimentos específicos da área em que atua.

O que faz a diferença é saber se o modelo de trabalho privilegia a pesquisa clínica tradicional, buscando explicações para o sofrimento e as maneiras de eliminá-lo, ou se opta por criar oportunidades de liberar a espontaneidade por meio de uma experiência de criação, acreditando que a abertura da vida para novos sentidos é o de que as pessoas estão realmente precisando, e que a arte é capaz de proporcionar as condições para que isso ocorra. Essa é, no meu entender, a proposta do teatro espontâneo e, como decorrência, do psicodrama.

Os objetivos do teatro espontâneo

Se a pergunta for feita na forma mais tradicional, "para que serve o psicodrama?", a resposta sem titubeios seria, com certeza, "terapia", e tudo indica que seria satisfatória.

Pode até ser que seja uma respostas daquelas que apaziguam a curiosidade imediata, sem necessidade de aprofundamento; se este for exigido, aí as coisas podem complicar-se.

Quando se fala em teatro espontâneo, entretanto, nem sempre se tem a resposta na ponta da língua, e quando ela vem, está tão impregnada de incertezas que perde seu poder de convencimento.

A classificação que proponho para as várias modalidades de teatro espontâneo (psicodrama, sociodrama, axiodrama e teatro espontâneo propriamente dito) fundamenta-se na clientela à qual se dirige e nas transformações que pretende ensejar.

Evito propositadamente utilizar o termo terapia, uma vez que é um termo bastante comprometido pelo seu uso ao mesmo tempo vulgarizado e impreciso.

Na acepção de ajuda, ele pode ser empregado tanto pelas intervenções profissionais ligadas à medicina e à psicologia, como por qualquer outro tipo de atuação que tenha como direção pessoas ou comunidades em descompensação.

No entanto, é reconhecido que muitas outras atividades humanas não estruturadas com esse fim específico acabam tendo um efeito também terapêutico. É o caso da religião, das artes, dos esportes, das viagens, ginásticas, meditações e até mesmo do serviço militar.

Também podem ser consideradas terapêuticas atuações para profissionais, não reconhecidas cientificamente, mas que em geral se oferecem de forma explícita como alternativas de ajuda: a vidência, a clínica pastoral, bruxos e magos de todos os naipes, consultores e conselheiros escudados por organizações ou crenças religiosas, curandeiros, os conselheiros sentimentais a soldo etc. Isso sem falar na importância enorme que têm os confidentes e as comadres, ouvidos abertos que propiciam oportunidades excelentes para a explicitação de tensões e conflitos, além de contribuírem com comentários judiciosos de quem está, pelo menos, em parte de fora do problema.

Esse quadro nos mostra, até de forma alvissareira, que as pessoas costumam ajudar-se das mais diferentes maneiras, em geral sob medida para as necessidades e possibilidades de cada um.

Qual o diferencial das terapias oficiais, social e culturalmente reconhecidas e autorizadas?

Num primeiro momento, a resposta óbvia é que os seus praticantes se preparam para isso durante muitos anos, investem na ampliação de seus conhecimentos, submetem-se a situações dolorosas, assimilam informações e tecnologias, tudo isso para prestar aos seus assistidos o melhor serviço.

Mas, no que consiste, de verdade, a terapia? Isso depende de cada linha de trabalho, evidentemente, não importando se a ajuda de que se fala tem a ver com o sofrimento físico, psíquico, espiritual, social, econômico ou o que quer que seja.

Na área que nos toca, a da psicoterapia, temos propostas e direcionamentos para todos os gostos.

No geral, não há evidências de que qualquer forma se sobressaia em relação às outras, em termos de resultados. Até existem aquelas que desfrutam de maior prestígio, que se transformam em moda, que atraem segmentos específicos de profissionais e de clientes, mas tudo isso é historicamente circunstancial, nada autorizando supor que quem seja mais preferido o seja porque conseguiu demonstrar maior eficiência.

Uma hipótese bastante plausível considera que entre terapeuta e cliente se estabeleceria um encontro mágico, em que a comunicação se daria num plano insuscetível de ser descrito pela linguagem comum. O inefável se alcançaria por meio do ritual, que são as práticas conscientes. Levando adiante essas idéias, poder-se-ia sugerir que a teoria subjacente a cada linha de trabalho corresponderia à sua teologia, que inclui em seu acervo os seus livros sagrados.

De qualquer forma, o que conta como potencialidade terapêutica é a relação que se estabelece entre as partes envolvidas, marcada pela confiança mútua, pela entrega recíproca a mais incondicional possível e de todos à tarefa proposta, pela afinidade e por um afeto positivo que circule com verdade e liberdade.

O que cada terapeuta faz, se interpreta, se procura esclarecer desencontros, se ajuda a compreender situações de vida, se dá conselhos, se induz o parto de soluções que já estão gestadas ou a concepção de novas idéias, se procura identificar causas e reparar traumas, qualquer que seja seu foco de atenção e de atuação, tudo isso é mais importante para o próprio terapeuta do que para a terapia em si. Ou seja, é nessas convicções que ele encontra o necessário respaldo para a sua atividade; é nos procedimentos que adota que comunica a mão firme de que o cliente necessita para segurar-se nela durante a tormentosa travessia que ambos empreendem.

Até aqui falamos de ajuda, partindo apenas da necessidade de quem a procura e do desejo de quem a presta. Não discutimos a finalidade dessa ajuda, embora esteja implícito que se trata sempre de relevar algum tipo de sofrimento.

É o sofrimento que propulsiona a busca de auxílio. Natureza e intensidade dependem não só do paciente identificado, como também daqueles com quem convive, assim como da disponibilidade e acessibilidade dos recursos terapêuticos. E o objetivo máximo é reencontrar a quietude da normalidade idealizada.

Entretanto, muitos pacientes sabem que as medidas analgésicas podem ser apenas paliativas. É no que acredita também a maioria dos terapeutas. Assim, o que num primeiro momento objetiva apenas a remissão de sintomas se transforma num alvo mais pretensioso: mudanças mais radicais. Que tipo de mudanças? Aí é que as divergências teóricas encontram seu melhor hábitat.

A maior parte das propostas psicoterapêuticas entende que as alterações devem acontecer no plano da personalidade do paciente, que deve mudar para melhor. E o melhor, nesse caso, seria definido em termos de padrões de normalidade (eliminação de comportamentos patológicos), de maturidade (adoção de comportamentos compatíveis com o esperado), de um fluxo afetivo sem tumultos e sem perda de controles. Os caminhos para se chegar a isso são inúmeros; diferenças maiores ou menores caracterizam não apenas escolas ou correntes, como também profissionais enquanto indivíduos.

Essa forma de encarar o processo de transformação se aplica muitas vezes, mesmo no trabalho com grupos, quando se poderia dizer que o paciente é o grupo e não cada pessoa que o integra. Ou seja, entende-se que é a transformação de cada pessoa enquanto tal que propiciará as renovações desejáveis no que se refere à coletividade em pauta.

Mas também é possível que se pense que o grupo que não está bem, que está em sofrimento, esse é o paciente e é ele que deve ter sua "personalidade" modificada pelo processo terapêutico. É como se o termo "indivíduo" se aplicasse à unidade-alvo e não necessariamente às pessoas. Daí em diante, *mutatis mutandis*, tudo se dá da mesma forma que com os indivíduos-pessoas.

A idéia de transformação pode, entretanto, ter uma outra conotação, ainda que aplicada à "personalidade" de pessoas, grupos ou comunidades: não se tem um padrão definido a respeito de como será o paciente depois de passar pelo processo. Apenas se pretende que ele seja diferente, acreditando-se que isso basta para que sua vida se transforme e novas possibilidades se lhe abram.

Uma outra vertente terapêutica não visa exatamente ao indivíduo em questão, enquanto objeto do processo transformador, embora tenha sempre presente que o sofrimento é individual. Seu ponto de partida é que todo indivíduo está necessariamente inserido num conjunto mais amplo, do qual faz parte em termos de mútua causação: o indivíduo influencia o seu entorno e é por ele influenciado. Essa influência não é periférica, a ponto de merecer uma consideração de caráter apenas suplementar. Pelo contrário, ela é axial, o que significa que nenhuma transformação verdadeira acontecerá ao nível de apenas uma parte desse todo, que se o todo não for transformado, a parte também não o será. A parte-indivíduo pode ser a porta de acesso ao todo-coletividade, como também se pode optar por atingir diretamente o todo, ampliando o foco de atuação.

Inclui-se aí, no meu entender, a abordagem psicodramática, com seu foco privilegiado nas relações interpessoais.

O teatro espontâneo, que está na base do psicodrama, tem esse mesmo objetivo. Como o psicodrama é um caso particular de teatro espontâneo, que atende à demanda de pessoas que pretendem alcançar crescimento enquanto indivíduos, pode muitas vezes parecer que ele é mais especificamente terapêutico. No entanto, o que de fato o caracteriza é o foco psicoterápico.

A terapêutica do teatro espontâneo é mais abrangente, inclui a psicoterapia mas não se cinge a ela, antes a ultrapassa. Não se pauta por um padrão de higidez a ser alcançado. Pretende ser transformador, na medida em que possibilita:

- a experiência de criar em conjunto, na qual se descobre a importância do processo como maior que a do produto;
- romper e superar sentidos únicos e cristalizados (conserva cultural), criando abertura para novos e múltiplos sentidos (espontaneidade);
- a descoberta do potencial artístico e da importância do fazer a arte (e não apenas consumi-la) como instrumento de melhoria da qualidade de vida;

– modificar o olhar sobre a problemática pessoal, deslocando-o do próprio umbigo para a coletividade;

É bom lembrar que uma das idéias-força que desembocaram nesse particular conceito de transformação foi a de que o psicodrama, superando o modelo clínico, procura não trabalhar com a doença, mas sim com a saúde.

No entanto, os que procuram ajuda, sejam eles pessoas, grupos ou representantes da comunidade, trazem sempre uma queixa: um temor, uma dificuldade, uma dor, uma inadequação, um conflito. Seria uma trapaça mental afirmar que o esforço que se faz não visa à eliminação do sofrimento, até porque não temos o direito de fazer de conta que nada disso existe ou que as pessoas que nos pagam não sabem o que querem e por isso podemos servir-lhes gato por lebre.

O que faz a diferença é o lugar que esses sintomas ocupam dentro da metodologia de trabalho.

O sintoma pode estar funcionando como sinal de alarme, alertando para uma situação ameaçadora, que coloca em risco a vida, seja ela do indivíduo, do grupo ou da comunidade. E vida, aqui, tem o sentido tanto quantitativo — a sua duração, tempo contado — quanto qualitativo — seu grau de plenitude. Por isso mesmo, alvejá-lo pode ser temerário. Sua supressão pode ser danosa, a menos que se crie um outro substituto, o que, indicando uma boa capacidade do sistema de se preservar, significa também que a fonte de sofrimento pode não ter sido extinta.

De qualquer forma, é bom ter sempre em mente que a dor é amiga da vida, por paradoxal que possa parecer. Ninguém, sadio, vai deixar de sentir dor, o que constitui a garantia de que o organismo está alerta e é capaz de dar sinais quando necessário.

Pode ser que o sintoma-queixa constitua uma boa porta de entrada para o sistema, abrindo-o para receber um impacto transformador. Como pode acontecer exatamente o oposto, que seja uma porta falsa, convidando a um arrombamento impossível. Nesse caso, compete procurar uma outra via de acesso, apostando no fato de que ocorrendo mudanças significativas a porta falsa deixará de ter razão de existir, desaparecendo por conseguinte o sintoma-isca.

O teatro espontâneo tem uma metodologia capaz de dar conta de todas essas hipóteses, exatamente porque tem flexibilidade operacional para levar em conta o relato a respeito do sofrimento, sem uma proposta de dissecá-lo, de analisá-lo, no sentido de decompô-lo em suas partes constituintes para verificar como funciona e o que está funcionando mal. Orienta-se no sentido de abrir para o entorno, permitindo que a criação seja ao mesmo tempo reveladora — demonstrando de que todo esse fato faz parte — e transformadora — permitindo que se encontrem novos sentidos.

E "sentidos" tem aqui várias acepções convergentes: cognitiva, no sentido de compreensão intelectual do que está acontecendo e das possibilidades que se abrem; de múltiplos movimentos e possibilidades de movimentos; de enriquecimento perceptual pela abertura de novos canais eferentes-aferentes.

Em condições ideais, a encenação se caracteriza — principalmente para o protagonista, personagem central da trama — por uma ruptura com a racionalidade e com o controle, uma aventura pelo desconhecido, pelo irracional, pela perda de referências. Essa loucura transitória é relatada com muita freqüência por pessoas que participam das dramatizações, que falam de uma perda de atenção para o que acontece à sua volta e de memória factual para o que aconteceu durante a cena.

Essa experiência proporciona a descoberta, nem sempre formalizada conscientemente, dos caminhos para a convivência, em que a cada momento se exige uma inserção diferente no movimento grupal, descristalizada, inventiva, comprometida, com uma visão equilibrada entre as exigências do coletivo e as demandas pessoais, um equilíbrio que não se funda em regras de bem viver, mas na espontaneidade-criatividade.

Também não se pode viver essa experiência télica impunemente, sem que algum efeito transformador que atravessa os indivíduos possa ser detectado. E isso é também, por definição, terapêutico.

Por outro lado, há que se aprender a valorizar a criação pela criação. Independentemente de qualquer outra vantagem que se possa auferir, na linha do acima exposto, o simples fato de poder criar já pode ser considerado uma experiência significativa e com potencial transformador. Radicalizar nessa direção pode ser uma boa receita para se conseguir alcançar a ruptura epistemológica imprescindível à penetração nos mistérios do teatro espontâneo.

10

CÍRCULOS DE GIZ

Para penetrar nos mistérios do teatro espontâneo é indispensável uma ruptura epistemológica.

Nosso pensamento opera com modelos lógicos que nos são oferecidos pela nossa cultura, ensinados desde a mais tenra infância, e que estão entranhados na linguagem, nos conteúdos educacionais, na informação do cotidiano, nos processos usuais de construção do saber.

Têm um caráter marcadamente ideológico, na medida em que são postulados como verdades indiscutíveis, não suscetíveis de verificação e de confirmação empírica. A força dessas categorias faz com que a elas nos pareça difícil escapar.

É, inclusive, a lição que nos têm transmitido os militantes do "politicamente correto", quando demonstram que nosso idioma está eivado de vocábulos e expressões que denotam preconceitos, discriminação, valores questionáveis.

Enfrentamos o desafio de romper com esses modelos arraigados e experimentar a utilização de novos paradigmas, o que não é tarefa fácil. A bem dizer, é talvez a parte mais complexa do embasamento filosófico e teórico das pesquisas sobre teatro espontâneo.

159

A passagem para esse novo patamar se torna ainda mais custosa até porque a maioria dos autores psicodramáticos, Moreno inclusive, não oferece um modelo consistente de que se possa valer. Mesmo os mestres que vislumbram esse novo caminho não conseguem avançar por ele de forma determinada e inquestionável.

E quando tentamos esquivar-nos de empregar as categorias tradicionais, tanto em nossa comunicação como em nosso raciocínio, eis que, quando menos esperamos as estamos utilizando, mesmo sem querer.

Essa forma de pensar que o mundo ocidental vem cultivando, ao longo de séculos e séculos, resiste, inclusive, às revoluções científicas protagonizadas pela física atômica e pela física quântica, propulsoras das grandes descobertas deste século.

Esse fato aprofunda a dificuldade que todos enfrentamos, mesmo quando alertados de que o psicodrama, como tal, poderia atender a todos os quesitos que os teóricos do conhecimento consideram necessários para que se possa caracterizar um verdadeiro paradigma.

O modelo clínico

A tradução concreta do pensamento tradicional, mais diretamente relacionada com a área em que atuamos, é o chamado modelo clínico (ou modelo médico, como é também designado), referência a peculiaridades do roteiro cognitivo presente nas atividades de cura.

Esse modelo vale tanto para os herdeiros da milenar tradição hipocrática (os médicos, em suas diferentes especialidades), quanto para as profissões dela derivadas, que se tornaram autônomas (os psicólogos, assistentes sociais e profissionais da saúde não-médicos), assim como para os seus símiles clonados (os que desenvolvem intervenções sociais fundadas no modelo médico).

Esse roteiro consiste, em linhas gerais, no estabelecimento preliminar de uma caracterização a mais completa possível do quadro em que se pretende intervir (anamnese, exame clínico, exames complementares), o que permite o estabelecimento de um diagnóstico e a formulação de um prognóstico. Na seqüência, modela-se um plano terapêutico que, aplicado, deve modificar o quadro inicial, restabelecendo a saúde ou a normalidade.

A medicina dita preventiva baseia-se no mesmo rascunho, antecipando entretanto sua atuação, na tentativa de suprimir causas ou evitar condições favoráveis ao estabelecimento de doenças.

Importa salientar que o critério principal é o atendimento do indivíduo portador atual ou virtual de algum tipo de enfermidade, sempre em função desta. As campanhas de vacinação, por exemplo, dirigem-se a uma grande quantidade de indivíduos ao mesmo tempo, sem entretanto perder de vista o parâmetro aritmético, aditivo/subtrativo: que um número menor de indivíduos venha a sofrer de determinada doença.

Ao massificar esses indivíduos, transformando-os em cifras, o foco de sua atuação acaba sendo, na verdade, a doença: a singularidade de cada paciente, objeto da intervenção, torna-se irrelevante. Como o é nos padrões de medicina assistencial, pública ou privada, surgidos dentro do âmbito da economia de mercado do neoliberalismo contemporâneo.

O fundamento epistemológico desse modelo é conhecido como o cartesianismo, cujo principal formulador foi o filósofo Descartes, que viveu no século XVII.

Na verdade, o que caracterizou a obra desse francês foi a codificação de uma tendência que se vinha esculpindo ao longo dos séculos, permitindo um clareamento que se projetou na direção do futuro, criando as condições para o extraordinário desenvolvimento tecnológico que alcança ainda os nossos dias. O prestígio dessa orientação deve-se, sem dúvida, aos resultados positivos que vêm encorpando seu *portfolio*. O modelo é relativamente simples, fácil de compreender e de operar.

Existe uma realidade que é externa ao observador e que pode ser conhecida desde que este se conserve numa postura asséptica, evitando contaminar os dados observados com os vírus de sua subjetividade.

Para compreender essa realidade, o modelo de raciocínio a ser adotado é o das relações causais: todo fato tem uma causa e uma conseqüência e tudo o que se precisa é identificar esse processo. Se se quiser produzir determinado fato novo ou modificado, basta alterar os precursores.

A pesquisa da cadeia causal é favorecida porque se supõe que ela é constante e de tal modo fixa que se pode reproduzi-la artificialmente, tantas vezes quantas forem necessárias à sua cabal elucidação. Tem-se aí o substrato da experimentação laboratorial e os congressos científicos como o fórum de discussão de resultados e procedimentos.

Conquanto esse modelo tenha demonstrado ser sumamente útil na abordagem de alguns aspectos da realidade (seja ela o que for e como seja concebida), sua aplicação não tem a universalidade pretendida pelos seus proponentes. Ou seja, existem âmbitos em que o modelo não funciona, mormente aqueles relacionados com o comportamento humano, com os microfenômenos, com os macrofenômenos, com fatos que nunca se repetem, mesmo no âmbito da física.

Durante todo esse período de hegemonia do pensamento cartesiano, alguns outros modelos têm sido apresentados e experimentados.

Um deles é o dialético, que pressupõe uma historicidade fundada na interação dos contrários, na seqüência tese-antítese-síntese. Ou seja, determinado fenômeno entranha e engendra o seu oposto, que por sua vez dá lugar a uma nova oposição, a negação da negação, e assim por diante, numa cadeia interminável. A noção cartesiana de causa ganha, assim, uma nova dimensão, o que possibilita a compreensão de fatos antes inacessíveis se buscados com ajuda do modelo linear causa-e-efeito.

Essa perspectiva aponta o ato de conhecer como sendo necessariamente transformador, ou seja, somente na medida em que se atua no sentido de modificar a realidade é que esta pode ser desvelada.

Outra proposta é a fenomenologia, que contesta a abordagem essencialista que minimiza a importância do fato singular, na medida em que este nada mais é que a concretização de uma lei, que descreve a essência das coisas. Essa essência é que, na visão da ciência tradicional, deve ser apreendida, enquanto que a fenomenologia procura desenvolver um sistema de conhecimento que tome como foco a peculiaridade e não a semelhança.

Por outro lado, a presença do observador modificaria, necessariamente, o fenômeno observado, o que o tornaria num outro, diferente do "original", que incluiria o observador e a relação entre ambos, que seria uma relação de interioridade e não de exterioridade.

Outra perspectiva é a sistêmica, evolução natural dos questionamentos a respeito da validade de se fatiar a realidade em fatos supostamente autônomos e isolados ou isoláveis dos demais para fins de estudo. Sua tese é de que o todo é não só maior do que a soma das partes, mas tem uma natureza distinta da mera justaposição, ainda que articulada, de seus elementos constituintes. Na verdade, existiria uma mútua determinação entre todo e parte: o todo determina a parte e esta determina o todo. Qualquer nível de totalidade que se considere constitui um sistema, que funciona dinamicamente no sentido de se autopreservar e, assim, a tensão parte-todo sempre se resolveria de modo a manter o conjunto íntegro. Ao mesmo tempo, esse nível de totalidade considerado estaria sempre inserido num sistema maior, ao qual também estaria sujeito, da mesma forma que suas subtotalidades que também podem ser consideradas como subsistemas.

A visão holística é essencialmente sistêmica, postulando adicionalmente que a referência máxima é o todo absoluto, um constructo teórico que permite a inclusão, dentro da perspectiva científica, de fenômenos de áreas tradicionalmente não incluídas dentro do espectro dos fatos cientificamente observáveis e codificáveis, tais como os eventos paranormais, o mundo místico, o animismo, o universo espiritual, assim como concepções religiosas não universalmente aceitas, tais como a reencarnação, as vidas passadas, anjos e entes imateriais.

Tanto a teoria sistêmica como a holística trazem a marca das tradições milenares do Oriente, às quais se pode atualmente ter um acesso cada vez maior, não apenas pelas facilidades propiciadas pelo próprio progresso tecnológico do Ocidente, como também pelas aberturas naturais num período de exaustão dos modelos até então conhecidos.

Se Moreno estivesse desenvolvendo hoje a sua obra, com certeza ele adotaria com maior clareza os preceitos sistêmicos, dizem psicodramatistas de renome da atualidade. Identificam nos escritos do criador do psicodrama uma abertura para essa vertente epistemológica, não levada às últimas conseqüências por precariedade de informação, por condicionantes sócio-histórico-culturais peculiares e porque a formulação dessa teoria era apenas incipiente ao seu tempo.

Na medida em que esse referencial vai se incorporando ao nosso pensamento, expurgado de suas características por vezes mecanicistas e do *modus operandi* preconizado por seus gurus, algumas luzes se acendem e nos ajudam a enxergar com maior clareza detalhes antes obscuros e nos quais constantemente vínhamos tropeçando.

****

Imagine um conjunto que englobe tudo o que existe. Seja ambicioso: inclua tudo mesmo: os sóis, as estrelas, as galáxias, tudo o que sua imaginação conseguir abraçar. Tome um giz e faça um círculo em torno de tudo isso, como se estivesse demarcando um território.

Claro que, para fazer isso, você precisou trabalhar como se esse conjunto estivesse num plano. Abra, então, para a terceira dimensão, e delimite o conjunto com uma película. Pode ser de pó de giz.

Agora, dê asas a sua imaginação: suponha que além dessas três dimensões se pudesse acrescentar mais uma. Ou algumas. Quase inimagináveis, para as limitações de nossa mente, mas não desista.

A película de pó de giz se rompe e se reconstrói incorporando essas novas dimensões. Dessa forma, a própria película deixa de ser tridimensional.

Pronto. Já dá para falar de um sistema. Essa totalidade que você identificou mantém-se íntegra, não se fragmenta nem se dissipa, em função da maneira como se inter-relacionam os elementos que a integram.

É um jogo de forças que se atraem e se repelem, que se juntam e se afastam, em constante movimento, formando áreas de densidade variável, as mais densas caracterizando subconjuntos.

Alguns desses subconjuntos são mais estáveis, outros mais voláteis.

As mudanças nos sugerem movimento, e movimento nos proporciona a sensação de tempo — há um antes e um depois — e também a de espaço — há um aqui, um ali, outro ali, o acolá.

Todo movimento induz a novos movimentos, pela necessidade de as forças se compensarem. Elas se juntam e se separam como se fossem postas nos pratos de uma balança, buscando um equilíbrio que é sempre instável mas que é essencial à continuidade desse conjunto.

Observe um pouco mais e identifique nesse conjunto áreas mais estáveis: no meio do caos elas representam certa ordem, um pouco de constância em meio a tantas mudanças.

Escolha uma dessas áreas e faça uma nova delimitação. Tente de novo o círculo de giz. Não dá; vai precisar da película, novamente.

Agora, focalize sua atenção nessa área. Veja como, internamente, tudo funciona como o todo: a mesma movimentação, a mesma busca de equilíbrio, áreas estáveis, fluxos nômades.

O subconjunto que você está observando mantém-se estável às custas de um duplo movimento: por um lado ele se fecha em si mesmo e por outro se abre para trocas com o ambiente externo, com o qual deve também estabelecer um adequado equilíbrio, sob pena de desintegrar-se.

Se você repetir essa operação, vai observar que todos os subconjuntos que selecionar vão apresentar as mesmas características quanto às interações internas e externas.

Mas é possível ir além. Fixe-se num desses subconjuntos e observe as áreas mais estáveis. Escolha uma e adote-a, para repetir com ela toda essa operação investigativa: delimitar, observar as concentrações e dissipações, identificar áreas mais ou menos estáveis, observar os fluxos internos e os intercâmbios externos e assim por diante.

Em tese, essa brincadeira que fizemos pode repetir-se indefinidamente. Inclusive no sentido oposto, de tornar a totalidade inicial cada vez mais ampla, *ad infinitum*.

Esse modelo teórico pode ser aplicado em várias situações e nos permite compreender melhor a relação todo-parte.

Neste momento, estamos focalizando a questão do individual e do coletivo.

****

Um círculo de giz traçado no solo pode delimitar o espaço cênico psicodramático. Seu equivalente é a fita crepe. Essa é a solução que se adota quando não existe um palco, tablado ou tapete que estabeleça a demarcação de contextos.

De todas as alternativas, o círculo de giz é a mais vulnerável, uma vez que pode ser desconsiderado com maior facilidade.

O que sustenta a demarcação é a aceitação pelo grupo da regra que lhe é posta: a parte interna do círculo define o âmbito da "fantasia", em que tudo é possível; o que fica fora é a "realidade", com suas leis próprias e — pelo menos supostamente — inconfundíveis.

Nem sempre esse pacto é respeitado, seja por não ser suficientemente esclarecido, por não receber a devida importância por parte dos membros do grupo, ou porque o próprio diretor acaba não intervindo, quando necessário, no sentido de fazer valer o acordado.

Na medida em que as pessoas circulam de um lugar para outro, o traçado do círculo acaba sendo apagado, dele restando, ao final, apenas alguns resíduos.

A precariedade da sinalização é metáfora das dificuldades em se sustentar a proposta em si, ou seja, garantir uma distinção efetiva entre fantasia e realidade.

****

A linguagem é uma das maneiras de organizar nossa relação com o mundo.

Enquanto diretores de teatro espontâneo somos operadores de ferramentas de ajuda e de promoção da saúde, e por isso temos uma responsabilidade acrescida, que é a de utilizarmos correta e conscientemente nossos sistemas conceituais. São esses sistemas que informam, fundamentalmente, nossa relação com a chamada realidade.

Num extremo, poderíamos partir do pressuposto de que o mundo do qual fazemos parte (e que nos rodeia) é, em si mesmo, caótico e indiferenciado, tal qual se diz que o percebem os recém-nascidos.

Nossos recursos perceptuais (atualizados na medida em que ocorre o amadurecimento biológico) consistem exatamente na capacidade de prover alguma inteligibilidade a esse mundo, permitindo-nos transitar nele com certa segurança, garantindo o indispensável a nossa sobrevivência.

Esse esforço ordenador acaba sendo o responsável por aquilo que identificamos como sendo "a" realidade, e aí, de alguma maneira, os sistemas conceituais acabam se transformando na própria realidade.

Em outras palavras, nós é que criamos a realidade e conferimos a ela um estatuto de autonomia frente a nós mesmos, seus criadores.

Esse processo não é, obviamente, assim tão simples.

Em primeiro lugar, porque não somos indivíduos isolados. A construção da realidade (e, portanto, da subjetividade) sofre a influência, por vezes decisiva, de nossos parceiros de vida — os outros seres humanos. São eles que validam a realidade que nos propomos construir, mesmo porque, no processo de matrização da identidade, um dos fatores mais importantes é a congruência na definição do que é ou não é real, com o uso compartilhado das mesmas categorias cognitivas.

Por outro lado, a própria vida de relações, *lato sensu*, acaba validando ou não nossos perceptos, uma vez que fazemos uso deles para balizar nossos atos, os quais são facilitados ou dificultados pela maneira como organizamos o caos original.

O conceito de loucura está umbilicalmente vinculado a essa questão da construção da realidade. Se o que se constrói é socialmente reconhecido e, ao mesmo tempo, facilita a sobrevivência, é considerado lúcido e sadio. Caso contrário, enquadra-se como insanidade, gerando a imperiosidade de medidas curativas. O maluco é o alucinado (sem luz), o alienado (alheio à "realidade") vive no mundo da "fantasia".

Por fantasia entende-se, via de regra, o conjunto de conteúdos afetivo-cognitivos não referidos à realidade e considerado um mundo à parte, de natureza puramente mental. É um componente vital do psiquismo, uma vez que é por intermédio dela que se ensaiam as atuações concretas e que se testam os processos de identificação e organização do "real".

A diferenciação entre fantasia e realidade tem sido um dos pilares tradicionais da teoria psicodramática. O palco do psicodrama é o espaço do como se, da fantasia, enquanto que nos contextos grupal e social estamos nos domínios da realidade.

Ao propor essa distinção, o psicodrama recupera a importância da fantasia, re-incorporando a autorização para fantasiar e buscando desenvolver o livre trânsito entre os domínios da fantasia e da realidade. Essa mobilidade é considerada sinal de saúde, e uma das condições para que ela flua positivamente é não confundir os dois territórios.

Em tese, a dramatização seria uma ferramenta para conseguir esse duplo objetivo: ajudar as pessoas a separarem uma coisa da outra e, assim, usufruírem das vantagens de ambas.

A realidade suplementar

A teoria psicodramática adotou, entretanto, o termo "realidade suplementar", um campo intermediário entre a fantasia e a realidade, com o qual procura descrever não apenas o que se incentiva no contexto dramático, mas também um tipo de fenômeno encontradiço no cotidiano das pessoas, quando certa "fantasia" é tomada como "realidade", o que em nada atrapalha a vida, antes pelo contrário, tem o condão de facilitá-la.

Ilustra esse conceito, por exemplo, a descrição que Moreno faz de seu nascimento, num barco, no mar de Bósforo, no meio de uma viagem da Turquia para a Romênia. Factualmente, as coisas parecem não ter sido exatamente assim, pelo menos numa descrição considerada "objetiva" baseada em documentos e em alentadas pesquisas históricas. Acontece que a versão por ele adotada tem um evidente caráter metafórico, pois representa a transição que vivia sua família, obrigada a migrar de um país localizado num dos lados do estreito para um outro situado no lado oposto. Os motivos da transferência eram sociais, políticos, ideológicos, raciais e econômicos, um dos inúmeros incidentes históricos que fazem a crônica dos judeus em diáspora.

As pesquisas sobre percepção empreendidas pelos teóricos da *Gestalt* sugerem que a "realidade suplementar" tem um sentido corriqueiro.

Quando se mostra a alguém uma figura como a que se segue, com certeza ela será identificada como sendo um círculo.

Acontece que lhe falta um elemento para que essa caracterização seja "correta": que seja uma linha fechada. O fragmento faltante é "criado" e adicionado, de modo a se conseguir uma "boa forma", no linguajar gestáltico.

Esse experimento-demonstração aponta, na sua simplicidade, para um fenômeno totalmente incorporado no viver comum das pessoas, quando a falta de dados ou de informações é de alguma forma suprida pela imaginação, permitindo assim que as coisas possam adquirir sentido.

E nesse caso não temos nenhuma patologia a ser corrigida por processo terapêutico ou pedagógico, de qualquer natureza: a vida é assim mesmo.

A observação cuidadosa que nos permite identificar esse fato justifica o conceito de realidade suplementar como invenção de dados com o objetivo de tornar inteligível o percebido.

O que normalmente funciona como critério para se definir que alguma coisa pertence ao mundo da realidade é a unanimidade do reconhecimento de sua concretude, de sua existência como algo em si. Por exemplo, o "objeto" laranja é visto por todos, ninguém duvida que ele exista, está ali, pode ser reconhecido não só visualmente como também com o auxílio de outros sentidos. Podem existir, isso sim, divergências quanto à sua descrição, ao seu sentido, quanto aos seus predicados gustativos, estéticos e assim por diante.

No outro extremo, se encontraria um "objeto" de que apenas o indivíduo que a ele se refere tem conhecimento, o que impossibilita aos outros aferirem, direta ou indiretamente, o seu grau de verossimilhança. A singularidade dessa organização confere-lhe o estatuto de "subjetividade", ou seja, de algo que pertence apenas ao mundo do "sujeito" do conhecimento.

Aplicados esses critérios com todo rigor, chegaríamos à conclusão de que tanto a chamada "realidade" quanto o seu oposto, a "fantasia", inexistem. No máximo poderiam aplicar-se a faixas tão restritas de fenômenos que sua utilidade como ferramenta de vida seria equivalente à das bugigangas que guardamos em casa porque não queremos nos desfazer delas, mas não fazem mais do que ocupar espaços por vezes preciosos.

O conceito de "realidade suplementar" abrangeria, como conseqüência, toda a "realidade" do nosso dia-a-dia e da própria ciência oficial, ou seja, a "realidade" seria sempre nada mais do que uma forma particular de organizar os fatos e de operacionalizar nossa relação com eles.

A discriminação entre fantasia e realidade é um desiderato irrealizável; se quisermos ser intelectualmente honestos temos que reconhecê-lo.

Alguns terapeutas incorrem na tentação de avocar a si a tarefa de ajudar os pacientes a reconhecerem as situações em que misturaram os canais, quando não consideram como tarefa deles a de fazer a discriminação e demonstrá-la, frustrando-se quando o paciente não consegue enxergar o que eles estão enxergando.

A realidade do palco psicodramático é singular e autóctone. Pode inspirar-se — e de fato o faz — na experiência passada do protagonista e de todos os que participam da construção da cena, inclusive o diretor. Mas jamais pode pretender ser uma repetição do que aconteceu de fato na vida do protagonista, como imaginou Moreno com a sua teoria da "segunda vez". Ele mesmo acabou reconhecendo, em outras circunstâncias, que não há segunda vez, nem no teatro espontâneo nem na vida — daí a importância axial de sua teoria do momento.

Partindo desse pressuposto, seria contraditório aplicar, na prática psicodramática, a idéia de que temos que ajudar os clientes a estabelecerem claras distinções entre fantasia e realidade e, ao mesmo tempo, a noção de realidade suplementar.

O que a experiência vem demonstrando, aliás, é que o potencial do método se amplia quando abrimos mão desse tipo de pretensão.

Tomemos uma sessão psicodramática em que o protagonista nos traz uma história de sua vida pessoal e que se decide que essa história vai ser encenada.

Na perspectiva tradicional, qual é a certeza que temos de que o seu relato corresponde ao que realmente aconteceu? Nenhuma. Se, hipoteticamente, pudéssemos convocar as pessoas que ele diz que participaram do evento em questão, para que nos oferecessem seu próprio relato do ocorrido, teríamos, com certeza, tantas versões quantos fossem os narradores.

Façamos, entretanto, de conta (isso não é difícil para os teatrólogos espontâneos) que o que o protagonista relata reflete a realidade. Propomo-nos a encená-la, como numa das propostas originais do psicodrama, imprimindo à dramatização o caráter de uma "segunda vez". Ainda que os egos-auxiliares fossem os mais habilidosos e mais treinados do mundo, jamais a cena original seria reproduzida tal e qual.

Aceitando que esse *re-enactment* possa ser apenas o mais aproximado possível do relato do protagonista, teríamos a rigor uma situação em que, na verdade, pouco importa se o que se dramatiza é a realidade ou não e que não há uma "realidade" (se existir, não sabemos qual é) à qual o protagonista deva render-se, abrindo mão de sua "fantasia".

O que importa, diz-se, é a nova experiência emocional vivida em cena, que propicia uma re-versão da história, supostamente mais consentânea com as exigências adaptativas da vida atual do sujeito.

Numa nova perspectiva, que aposentasse essa questão da distinção entre fantasia e realidade, o relato do protagonista seria tomado como, pura e simplesmente, o núcleo de uma nova história, a ser construída no palco.

Como a necessidade deixaria de ser a re-produção do já ocorrido, uma nova produção passaria a ter lugar. E dessa forma se faz possível que a contribuição dos atores auxiliares não precise cingir-se ao relato protagônico, liberando-os para oferecer, de forma mais aberta e assumida, sua contribuição para que a nova versão a ser obtida incorpore novas perspectivas.

O sentido produção coletiva ofereceria uma nova dimensão ao problema focalizado, deslocando-o do protagonista-enfermo, freqüentemente vítima-exibicionista, para a experiência positiva da co-criação.

O círculo de giz se recicla. Em vez de delimitar o indelimitável, passa a significar outra coisa: a estrutura de papéis que define a existência do teatro (no caso, o teatro espontâneo), que exige atores de um lado e espectadores de outro, um lugar de onde se mostra e um lugar de onde se vê. Se essa distinção também deve ser borrada ou não é uma discussão que talvez caiba num outro momento. Por enquanto, devemos ater-nos a outras dualidades também definidas por círculos de giz.

Objetivo *versus* subjetivo

Essa polaridade é talvez uma das mais arraigadas em nossa cultura, porque está na raiz do pensamento científico tradicional: só podemos alcançar o conhecimento quando conseguimos estabelecer uma distinção clara entre o sujeito conhecedor e o objeto a ser conhecido.

Diz a epistemologia cartesiana que, não havendo esse afastamento estratégico, qualquer descrição que se faça do objeto estará contaminada com elementos do sujeito, não sendo portanto válida. O método científico consistiria, entre outras coisas, em ser capaz de criar procedimentos que garantam essa qualidade.

A história do pensamento nos faz deparar com uma interminável discussão entre os filósofos. Existem aqueles que consideram que existe uma realidade objetiva, suscetível de ser deslindada, consistindo o saber numa reprodução, ao nível do pensamento do sujeito, dessa mesma realidade. Quanto mais fiel for a imagem, maior o conhecimento. Seria como uma fotografia de grânulos finíssimos, capaz de mostrar com o máximo de detalhes o assunto clicado. São os objetivistas.

A esta idéia se opõem os subjetivistas, que consideram que a rigor a realidade externa não existe, que o que conta mesmo é o sujeito, uma vez que é este que apreende o mundo da experiência e o organiza dentro de si, sendo entretanto a experiência um enorme conjunto de dados e fatos dinâmicos, em constante movimento, no qual se entrecruzam aspectos do sujeito e do objeto. O próprio objeto seria estabelecido a partir do sujeito, um ponto de aplicação arbitrário para onde se dirigiriam as energias perceptivas. Utilizando-se a mesma analogia dos objetivistas, a fotografia é muito mais o resultado do olhar do fotógrafo e do equipamento utilizado do que do que é fotografado.

No embate entre as duas correntes, nossa civilização ocidental não tem dúvidas: proscreve o subjetivismo, elogia a objetividade, apenas reconhece o saber que se valida na semelhança entre a descrição e o descrito.

Podemos evitar a redundância ampliando um pouco o âmbito da discussão, porque um dos motes do psicodrama é exatamente a objetivação da subjetividade.

Em nome dessa objetivação se buscam os sentimentos mais recônditos, os desejos menos confessáveis, as memórias mais esquecidas, os pensamentos menos adequados, com o objetivo de transformá-los em esculturas rígidas ou fluidas e, se possível, preferentemente, em cenas que possam ser representadas.

A crença no poder curativo da objetivação é tão arraigada entre os psicodramatistas que, muitas vezes, em evidente distorção da proposta básica do psicodrama, as direções beiram ao exorcismo: é preciso trazer à tona todos os demônios que povoam a subjetividade, para que possam ser expulsos e deixem de importunar seus cavalos.

Quando um cliente não consegue expressar seus sentimentos, ele é considerado um paciente difícil, sendo essa dificuldade englobada no conjunto de traços que definem sua patologia.

Curiosamente, esse tipo de paciente é aquele que se agarra mais à idéia culturalmente cultivada que glorifica a objetividade, pressuposto básico do sucesso, dentro da melhor ideologia burguesa.

Novamente, o que se coloca como objetivo da terapêutica psicodramática é criar condições para que a pessoa possa transitar livremente entre a objetividade e a subjetividade, sem se enroscar em nenhum desses extremos, em paralelo à noção de que o saudável é ter um fluxo constante e livre entre realidade e fantasia.

Essa divisão retrata, entretanto, um dos pressupostos epistemológicos da ciência cartesiana que admite ser essencial ao conhecimento que o sujeito se distancie do objeto a ponto de poder descrevê-lo de forma isenta de qualquer contaminação do pesquisador. Esse cuidado garante que, mantidas idênticas as condições da investigação, qualquer que seja o pesquisador as conclusões serão as mesmas.

Associado a outros critérios igualmente relevantes, poder-se-ia tornar a descrição tão precisa a ponto de estabelecer com clareza todas as relações de causa-e-efeito.

Ainda que esse rigor possa ser observado no planejamento e na execução de um projeto de pesquisa, a subjetividade do investigador se faz notável o tempo todo, em geral atacando pelas bordas: conclusões precipitadas, manipulação dos dados, ocultação de resultados que desconfirmam hipóteses, plágio, controle precário dos fatores de erro e uma série de mazelas que bem conhecem os condôminos dos edifícios científicos. Sem contar que os pressupostos que embasam a formulação de hipóteses, o levantamento de dados e o tratamento crítico da massa de informações colhidas podem estar contaminados por preconceitos e refletir uma visão de mundo muito particular.

Da mesma forma, a vida subjetiva nunca pode ser considerada "pura", absolutamente isenta de qualquer contato com o exterior, com o que se convencionou denominar "mundo objetivo". A perspectiva holística permite superar essa dicotomia, uma vez que tanto o sujeito quanto o objeto pertencem ao mesmo sistema, de tal forma que conhecer-se a si mesmo é conhecer o mundo, e conhecer o mundo é conhecer-se a si mesmo. O saber atravessa essa fronteira incessantemente, em múltiplos sentidos, tornando irrelevante essa distinção. Inclusive porque dentro do sistema a vertente que busca saber transforma, *ipso facto*, o sistema, sempre que acionada.

Encontramos no teatro espontâneo, nesse aspecto, algo semelhante ao que ocorre na pretensa distinção entre fantasia e realidade. Dizer que no palco se objetiva a subjetividade não tem a menor importância para a compreensão do que acontece, porque o que se cria é inteiramente novo, ainda que utilize ingredientes que possam ser considerados objetivos ou subjetivos. O que conta é a criação em si, a experiência de poder criar, a possibilidade de fazê-lo em conjunto com os outros, o impacto que pode provocar na vida como um todo.

Por isso mesmo, o saber objetivo, uma descrição mais fiel do que aconteceu "realmente" na história do protagonista, não é somente uma meta que não pode ser alcançada, como também desperdiça energias, estabelecendo uma relação negativa entre custo e benefício.

Público *versus* privado

Esta é uma distinção extremamente importante quando se fala de psicoterapia, porque por ela passam inúmeras questões relativas à psicoterapia de grupo e, no caso específico do psicodrama, aos eventos públicos: sociodrama, axiodrama, psicodrama público, teatro espontâneo.

A rigor, essa dicotomia nem resiste a uma análise um pouco mais cuidadosa, uma vez que não se trata de grandezas discretas, porém contínuas. Ou seja, há uma infinidade de pontos intermediários entre o máximo de privacidade e o máximo de publicidade: encontrar o ponto ótimo, em cada situação, é o desafio que se coloca não apenas ao virtual expositor, mas também a todos os seus parceiros espectadores.

Em todo caso, uma das restrições que comumente se levantam aos procedimentos terapêuticos grupais é que eles, por necessidade intrínseca ao método, instigariam o desnudamento público da intimidade, quebrando defesas dos participantes, fragilizando-os a ponto de se entregarem até mesmo excessiva e indevidamente. A mesma fragilização que levaria uma pessoa a se expor se acentuaria depois da exposição, vulnerabilizando-a ainda mais.

Sob esta crítica existem alguns pressupostos.

O primeiro é de que a direção de um teatro espontâneo tem o poder de manipular as pessoas, tornando-as dóceis e obedientes. Algo como se pensava, antigamente, do poder dos hipnotizadores. O que a experiência demonstra é que isso não é bem assim, que os participantes sabem estabelecer seus limites e fazer respeitá-los, mesmo que, numa interpretação barata, sejam considerados como resistentes. Resistir é preciso, para contrabalançar sedução, inabilidade, sadismo, "voyeurismo" e outras perversidades que rondam a problemática humana em qualquer situação: nem precisa ser terapia, muito menos de grupo.

Outro pressuposto é o que absolutiza a privacidade, considerando-a um fenômeno da individualidade e independente das situações concretas a serem consideradas. Dentro dessa perspectiva, vestir-se com biquíni tem o mesmo sentido de exposição do corpo quando a pessoa está na praia, numa galeria comercial movimentada de uma metrópole, numa área de nudismo ou numa rua deserta à noite. A grande descoberta da psicoterapia de grupo foi exatamente a constatação de que o conceito de privacidade se recicla, de tal forma que se cria uma nova forma de encará-la, deixando de ser individual para ser grupal, ou seja, cria-se uma privacidade de grupo que engloba e supera as de seus componentes. É aí que surge, naturalmente, a questão do sigilo, que vai mais além do não espalhar segredos individuais revelados dentro do grupo, alcançando o nível do mistério grupal, ao qual só têm acesso os iniciados, ou seja, os próprios membros da irmandade. Ainda assim, há limites, e um dos sintomas de que um grupo está em desconforto é quando seus membros começam a cobrar entre si uma abertura maior, ou então escolhem um bode expiatório, acusado de sonegar seus segredos pessoais. É comum, inclusive, que o próprio condutor do grupo se envolva nesse tipo de crise, assumindo o papel de cobrador. Só que quanto mais se pressiona, mais forte se torna a resistência... sadia!

Por outro lado, o tirar roupas tem sempre um ritual e uma série de precondições. Num *strip-tease* cria-se um clima especialmente propício a que apenas uma pessoa se dispa enquanto todas as outras, vestidas, a observam. Quando se detecta algum risco de a *strip-teaser* sofrer algum tipo de constrangimento, ou se suspende o espetáculo ou se aciona algum esquema de segurança. É uma situação bastante diferente daquela em que os amantes se despem um diante do outro num cenário de alcova:

aqui o desnudar-se não é unilateral, é um ato coletivo, harmonioso, recíproco, e por isso pode ir longe — mas nunca até o fim absoluto.

Num trabalho terapêutico grupal o que conta é a cumplicidade que se estabelece entre os participantes quanto a um desvelamento coletivo. Assim, quando numa sessão de psicodrama ou numa fase do processo grupal protagonizar adquire conotações constrangedoras, isso é sinal de que o grupo não vai bem. Porque quando seu nível de solidariedade interna está adequado, a protagonização é feita com alegria e disponibilidade, disputada mesmo entre vários candidatos.

Uma das inovações morenianas de maior alcance foi exatamente a figura do protagonista no teatro espontâneo, cuja função se define como expressar o grupo por meio de sua história pessoal. Nesse caso, mais uma vez, a questão da privacidade assume novas dimensões, porque não se trata de *strip-tease* unilateral e a seco, mas uma nova forma de encarar o que é individual e o que é coletivo.

As concepções holísticas a respeito das relações entre todo e parte, hoje mais claramente formuladas (ou pelo menos mais divulgadas no mundo ocidental), permitem compreender melhor essa intuição do criador do psicodrama. O todo está na parte; conhecendo-se a parte conhece-se o todo e vice-versa, demonstram-no os experimentos holográficos.

E com isso, mais uma antinomia se supera, dentro da perspectiva do teatro espontâneo, o que significa o desvencilhamento de uma conserva cultural que pode até ter servido como resposta desejável em determinado tempo da história, mas que não pode ser perenizada sem causar prejuízos à criatividade e, portanto, à sobrevivência com qualidade.

Passado *versus* presente *versus* futuro

A questão do tempo é objeto de alguma controvérsia dentro do próprio psicodrama. Como o psicodrama é uma teoria aberta, que propõe que nunca se tente fechá-la, essa abertura cria um canal de duas vias: tanto o caminhar do psicodrama pode acontecer em várias direções, nenhuma delas obrigatória (como seria numa teoria fechada), como também ele recebe influências externas pelos múltiplos aferentes.

Uma das convicções mais disseminadas na cultura ocidental, graças à genialidade de Freud, é a de que dificuldades adaptativas presentes estão necessariamente vinculadas à experiência pregressa, na forma de traumas emocionais. Essa concepção é tão tranqüilamente assentada, em geral, sem maiores questionamentos, que pode até mesmo ser caracterizada como um dos mais autênticos conteúdos ideológicos de nosso tempo.

Não é de se estranhar, portanto, que como instrumento de cura psicológica o psicodrama se proponha mediar a identificação dos traumas que estão na origem dos problemas do queixoso. E, mais do que isso, proporcionar condições para que se restabeleça a experiência emocional traumática e se encontre uma nova saída, de caráter reparatório. E temos que convir que, dentro dos limites próprios de cada abordagem, e da terapia como tal, essa orientação tem sido frutífera. Por que então deixá-la de lado, em benefício de uma outra maneira de trabalhar?

Pelas mesmas razões que a ciência contemporânea busca alternativas ao positivismo que comparece com uma cesta transbordante de benefícios à humanidade: há que ampliar o alcance do saber e esse caminho velho dá sinais de que logo vai terminar num beco; pelo menos algumas de suas saídas já o têm feito. Além do mais, o lixo que ficou fora da cesta (onde só são colocadas as boas frutas) representa não apenas um resíduo ao qual se precisa dar um destino adequado, o que é difícil, mas também uma série de prejuízos e ameaças ao futuro da humanidade. No caso das ciências e da tecnologia em geral, nosso fim de século assiste ao despertar das preocupações eco-higiênicas. No caso das ciências do homem e, em particular, das intervenções terapêuticas, o estudo dos ecossistemas humanos nos sugere a importância de rever nossos procedimentos para integrá-los dentro de uma preocupação globalista. E dentro dessa perspectiva, recuperar a liberdade adaptativa, associada naturalmente a sua capacidade de criar, é o maior desafio. O sofrimento denuncia a intoxicação pelo autoritarismo, pelo egoísmo, pela massificação, pelo consumismo, pela hipervalorização do sucesso, pelo trabalho alienado e assim por diante, numa multiplicidade de manifestações focais de um sistema em desequilíbrio, ameaçando a vida e o planeta. O despertar para novas formas de abordagem da problemática humana faz parte do movimento do próprio sistema para evitar a autodestruição.

Nesse caso, como se pode superar o passadismo? Com certeza não seria substituindo-o por um futurismo, ou seja, a solução simplista de em vez de, no teatro espontâneo, encenar histórias vividas ou presenciadas em algum momento no passado, representar histórias imaginárias que antecipam o futuro desejado ou antevisto. Continua-se a trabalhar com uma visão fragmentária da temporalidade.

O tempo nada mais é, dizem os filósofos, do que uma estratégia da mente humana para organizar a experiência; ou seja, ele não tem uma existência em si. O que consideramos como fatos sucessivos pode muito bem ser visto como simultâneos; é só uma questão de ponto de vista, de ferramental cognitivo. Daí que a visão sistêmica nos oferece a possibi-

175

lidade de compreender os fatos de que fazemos parte utilizando óculos com lentes diferentes, que nos permitem identificar neles outros e múltiplos sentidos, livrando-nos de uma visão causal, mecânica e determinística que, se em algumas circunstâncias pode até ser útil, não pode pretender-se universal. Tampouco eterna, já que falamos de tempo.

Consciente *versus* inconsciente

Uma das coisas do psicodrama que mais horrorizam os teóricos da psicologia é o aparente desdém em relação ao inconsciente individual. A grande maioria dos psicodramatistas, mundo afora, porém, vem resgatando essa dívida herdada de Moreno, ao utilizarem as contribuições psicanalíticas como ferramenta adicional, quando não até mesmo privilegiada. Só que esse débito é impagável, uma vez que a utilização de conceitos formulados a partir de uma outra perspectiva teórica e importados para o psicodrama não o redime da precariedade de sua abordagem dos processos psíquicos individuais.

Essa precariedade pode ser tomada como um aspecto negativo, dependendo entretanto da perspectiva que se adote. Se o objeto da ciência psicanalítica é o inconsciente, é evidente que qualquer deficiência sua nessa área seria extremamente preocupante. Como o objeto da ciência psicodramática não é o inconsciente, antes definindo-se como os fenômenos específicos da intersecção entre o individual e o coletivo, esse aspecto torna-se irrelevante.

Na verdade, esse tema não passou em branco para o criador do psicodrama, que propôs o conceito de estados co-conscientes e co-inconscientes, como instrumento de compreensão de alguns fatos muito específicos detectáveis na relação entre pessoas com alta quilometragem de convivência. Estas partilham de algumas idéias comuns, independente de comunicação direta e de acordos explícitos. Na verdade, não se trata apenas de idéias, no sentido clássico do termo, porque os conteúdos compartilhados incluem sentimentos, projetos, movimentos, convicções, normas, desejos e assim por diante. O material compartido pode *estar* em dado momento consciente ou inconsciente, explicitamente presente ou não na relação e ou na comunicação. Assim, não se fala de entidade nem de instância do psiquismo, mas de uma condição fenomenal transitória.

A ampliação do uso desses conceitos, estendendo-os à compreensão de fatos da coletividade mais ampla e, principalmente, da cultura, torna-se inevitável, porque a idéia de convivência prolongada se aplica integralmente aos estratos de nação, classe, comunidade e assim por diante.

É evidente que nesse caso há que se levar em conta uma articulação de vários fatores, tais como o tempo, os meios de comunicação, a intensidade dos contatos, os agentes ideológicos, todos eles contribuindo para a elaboração desses conteúdos partilhados.

Poder-se-ia argumentar que tudo isso não passa do que já se convencionou chamar de cultura. Vai entretanto mais além, porque inclui não apenas o que se acumulou ao longo das gerações, mas também fenômenos transitórios.

Na perspectiva do teatro espontâneo, tudo isso é muito importante, porque é dessa fonte que se bebe para municiar o processo de co-criação. O núcleo do drama a ser criado tanto pode ser definido por meio de procedimentos grupais como de um dos membros do grupo. O desdobramento da cena terá a contribuição de todos, ou diretamente, como no coro do teatro grego antigo, ou por intermédio de emissários — o protagonista, os deuteragonistas, os antagonistas. Processo e produto revelam sempre o que vai pelo grupo, na linguagem analógica própria do teatro.

E o que fazer com o inconsciente individual? Em termos psicodramáticos, nada. Excusas pela frustração e pelo escândalo: os caminhos da co-criação não passam necessariamente pela interpretação, seja da angústia, da transferência, da defesa, porque os procedimentos são próprios e suficientes, sendo sua natureza especificamente teatral!

Dentro desses procedimentos, a diferenciação entre consciente e inconsciente acaba não sendo necessária, porque o modelo epistemológico é outro, outro é o objeto da ciência, outro o caminho para a construção do saber, outra a natureza do próprio saber.

Se avaliados os conceitos e os procedimentos à luz de um modelo lógico diferente, é natural que tudo pareça disparatado. Daí, mais uma vez, a importância da inversão de papéis: ver com os olhos do outro é não apenas condição, mas a natureza mesma do encontro. Se é que isso é importante dentro de uma perspectiva que não visualize papéis, encontro, inversão de papéis, relação: nesse caso, nós é que temos que tomar o papel desse outro, para podermos nos dar conta da profundidade do seu desconforto e encontrarmos um caminho novo para nos relacionarmos com ele.

Intra *versus* interpsíquico

Inter e intrapsíquico. Já há muitos anos essa antinomia foi denunciada num debate muito interessante, num congresso de psicodrama.

A provocação foi uma afirmação que fiz no meu livro *Teatro da anarquia*, de que o psicodrama atuava no inter e não no intra.

Depois do debate, fiquei convencido de que a coisa não era bem assim, porque estava mal colocada. A revisão desse ponto aparece no meu texto sobre "Focalizações".

A idéia de focalização parte do pressuposto de que nosso objeto de estudos é uno e indivisível. O máximo que podemos fazer é focar em determinado ponto, que fica mais intensamente iluminado e nos permite observá-lo mais detalhadamente.

Os demais pontos permanecem na penumbra, não olhamos diretamente para eles, porque nossa atenção está voltada para a área mais iluminada, o que não significa que não existam, tampouco que a área focada possa ser dissociada deles.

O que faz a diferença, portanto, é para onde se direcionam os holofotes. Intra e interpsíquico, por esse prisma, são apenas diferentes ângulos de uma mesma "realidade". Eles se interpenetram de tal forma que todo esforço de separá-los, ainda que didaticamente, origina uma nova "realidade" que só é possível pela negação do que foi arrancado e desprezado. Houve um momento na história do psicodrama em que, mercê do enorme prestígio da psicanálise e das questões por ela colocadas, assim como do modelo médico entranhado em nossa cultura, o viés intrapsíquico se fez tão prevalente que havia necessidade de denunciar o escorço que impedia o aprofundamento da compreensão das peculiaridades da abordagem psicodramática.

Nesse momento, foi preciso radicalizar para chamar a atenção para esse fenômeno. Nesse sentido, toda radicalização é uma fraude sartriana, da qual somos agentes e vítimas ao mesmo tempo.

A visão sistêmica nos permite integrar esses âmbitos que são tão visceralmente interligados que não faz sentido dissociá-los, tampouco privilegiar qualquer deles em detrimento do outro.

O psiquismo pode ser entendido como um espaço por onde passam todos os movimentos vitais adaptativos, entendidos estes como a indispensável negociação entre indivíduo e meio para garantir a sobrevivência de ambos. Tanto as pulsões que definem as necessidades fundamentais quanto as emoções que acusam os acontecimentos, como os processos cognitivos que processam dados e municiam ações, passando pela formação de imagens de toda natureza, tudo está a serviço da sobrevivência e não pode nunca ser dissociado dessa finalidade. Como, entretanto, a sobrevivência se dá necessariamente em determinado meio, seja ele físico ou social, a compreensão dos processos ditos "internos" só é possível dentro da referência relacional, ou seja, das demandas do meio para as

178

quais o psiquismo elabora respostas, assim como das provocações ao meio partidas do próprio indivíduo. Por outro lado, abstrair o que ocorre ao nível do psiquismo constitui um outro risco de dissociação que com certeza vai comprometer o conhecimento assim obtido. Mas o olhar não precisa ser dissociado, como se se tratasse de perscrutar dois objetos distintos entre si. É um mesmo olhar que apreende movimentos que atravessam multidirecionalmente os limites da pele. É bem verdade que o campo visual tem limites, sendo impossível englobar todo o espectro ao mesmo tempo. O saber também tem limites. O que importa é que não se negue a existência do que está na penumbra só porque não está sob o foco iluminado; e, principalmente, não deixar de lado as articulações entre o que está no foco e o que está fora dele.

Individual e coletivo

Dentro dessa perspectiva, outra dicotomia fica superada, que é a que distingue o individual do coletivo, na medida em que ambos constituem meros enfoques de um mesmo sistema. Com efeito, a área que definimos como indivíduo tem sua visibilidade garantida não porque esteja descolada do restante, mas porque nela podemos identificar um subsistema. Sua integração no sistema maior é, entretanto, o que garante a sua existência.

Tenho considerado a intersecção entre individual e coletivo como o objeto do psicodrama: não é nem o indivíduo nem o grupo, ainda que o "cliente" possa ser um indivíduo ou um grupo.

Do ponto de vista prático, isso significa que podemos ter acesso ao sistema como um todo tanto fazendo uma abordagem global (como, por exemplo, na terapia de família) como por meio de uma de suas partes (a terapia de um membro apenas dessa mesma família). Não muda, essencialmente, o objeto, como também não se altera a metodologia, que é sempre o teatro espontâneo; o que muda é apenas a porta de entrada, que talvez necessite de uma chave diferente, mas depois de entrar, o mundo é o mesmo.

Terapêutico *versus* não-terapêutico

Já mencionei a possibilidade de superar também a antinomia entre terapêutico e não-terapêutico. Com efeito, qualquer movimento que ocorra dentro de um sistema provoca alterações em seu equilíbrio. Embora nem sempre a alteração signifique necessariamente uma transformação, pois muitas delas têm até mesmo o sentido de garantir a perpetuação do sistema (o que não tem necessariamente o sentido negativo que se atribui aos sistemas políticos que aceitam mudanças para nada mudar, garantindo sua não dissolução nem dos privilégios que constituem o seu eixo). De qualquer maneira, as ações transformadoras não são necessariamente as terapêuticas, embora estas tenham, assumidamente, esse objetivo. E o ponto de chegada de eventuais transformações não pode ser definido previamente, como prega e deseja a filosofia cartesiana. Qualquer intervenção que tenha como objetivo mudar alguma coisa é, por conseguinte, um risco absoluto, pois nunca se sabe o que pode acontecer com o sistema a partir desse impacto: ele pode tanto manter-se íntegro, assimilando o golpe, manter-se íntegro por uma reformulação radical do seu equilíbrio interno, como pode se desintegrar. Apenas em relação a este último se pode ter alguma expectativa um pouco mais segura, com base no desempenho histórico e na compreensão das correlações de forças que o compõem.

Saúde e enfermidade

Vale aqui considerar, também, o conceito de saúde e enfermidade, tomadas ambas como opostas entre si e claramente diferenciadas. As ações terapêuticas têm como alvo a enfermidade, com o objetivo de restabelecer a saúde.

A linha divisória entre ambas vem sendo discutida e questionada já há algum tempo. E para abandonar essa postura, o conceito de saúde é tão ampliado que abrange a totalidade da vida, como sinônimo de vida plenificada em todos os seus aspectos.

Novamente, a perspectiva sistêmica nos ajuda.

O sofrimento de determinado indivíduo não significa necessariamente que o que se passa de errado ou preocupante esteja exclusivamente nele. Embora possa ser ele que esteja doente, ou seja, que sente a dor — e por isso mesmo precisa ser cuidado —, a dor que ele sente aponta para uma descompensação quanto ao sistema em que ele está inserido.

Ou seja, o sistema está enfermo, e a enfermidade se manifesta numa de suas partes. É o mesmo raciocínio que se aplica ao corpo: a dor de estômago, embora possa ter um correlato numa afecção gástrica ulceriforme, detectável tanto pelo exame clínico do paciente como dos recursos auxiliares de diagnóstico, é um indicador de que o organismo como um todo encontra-se em estado de tensão alterada, sob ameaça, precisando descarregar sobre um de seus órgãos a carga excessiva. Embarcações sob ameaça de naufrágio tentam evitá-lo lançando carga ao mar.

180

O alívio direto e imediato de que necessita o paciente é apenas uma medida paliativa ou protelatória, quando o sistema não merece a devida atenção. E aqui, mais uma vez, a separação entre individual e coletivo é desautorizada. Como também o é a diferenciação entre corpo e mente que, tradicional no pensamento humano, está profundamente arraigada em quase todas as grandes culturas. Felizmente não todas, para que se estabeleça o indispensável contraponto. Uma das grandes confusões debitáveis ao psicologismo é pensar que existem doenças físicas e não-físicas. As primeiras seriam aquelas em que se pode detectar alguma alteração patológica relativa ao funcionamento do organismo; as outras não teriam esse correlato. As doenças mentais poderiam ser, nesse enfoque, tanto orgânicas quanto psicogênicas. E haveria doenças fantasmagóricas, em que o paciente sentiria a dor mas não apresentaria nenhuma alteração corporal que a justificasse — são impropriamente designadas como "emocionais". O esforço de descrição de doenças psicossomáticas é um passo no caminho de uma compreensão integrada, mas admite, muitas vezes, a existência dessa dicotomia. A emoção é sentida sempre no corpo, assim como o pensamento pressupõe um *locus* cerebral. E todo movimento, no plano corporal, por mais ínfimo que seja, há de ter sempre um correlato "psíquico". Tentar desfazer essa ligação tão íntima é perder de vista o processo.

O psiquismo é uma função vital adaptativa e não há como desvinculá-lo de sua finalidade bio-sobrevivencial, sob pena de se estar apostando na certeza do erro.

11

O MARCO TEÓRICO

Agosto de 1996, III Encontro Latino-Americano de Psicodrama. Muyurina, sede do evento, é um *campus* universitário localizado em Montero (a "capital" da comercialização da cocaína na Bolívia), nas proximidades de Santa Cruz de la Sierra.

São poucos os profissionais presentes: algo estranho aconteceu, pois a mobilização ficou longe do mínimo desejável. Os que participaram, entretanto, estavam muito unidos e empenhados em garantir qualidade, o que acabou acontecendo.

Teatro espontâneo. O protagonista é Marquito, o teórico, estranho morador de uma pequena cidade, onde se recolhera como projeto de vida. Filósofo "sartriano", preenche seus dias de intelectualóide bajulando ditadores e servindo-lhes parceiras de aventura sexual, garotas menores por ele mesmo corrompidas. Sua mulher é Simone, réplica ao avesso da famosa escritora francesa, Simone de Beauvoir: machista, dependente, intelectualmente limitada, subserviente.

Intrigante síntese do Encontro.

Os profissionais que se deslocaram até Santa Cruz, atendendo à convocação para o conclave, se viram, surpresos e estupefatos, inseridos num contexto por todos os títulos insólito: um retiro espiritual, como os

183

que se realizam todos os anos, promovido pelo Departamento de Psicologia da Universidade Evangélica da Bolívia, com freqüência obrigatória para os alunos da área.

Do programa constavam trabalhos psicoterápicos — vivências psicodramáticas — intensivos, tendo como base os grupos terapêuticos que funcionam regularmente na Universidade, como exigência acadêmica, naquele momento recheados com visitantes e dirigidos não pelos terapeutas de rotina, mas por psicodramatistas que vinham participar do encontro. Todo o clima do evento era religioso. A abertura solene se deu com leitura bíblica e oração. Um hino evangélico era o bordão de cada passo do programa. Orava-se às refeições, mesmo quando faziam parte das atividades sociais, em restaurantes. A vivência com maior *status* dentro da programação foi um bibliodrama épico, em que se celebraram as virtudes religiosas de Ester, personagem central do livro bíblico que leva seu nome.

Para os estrangeiros, a situação era tão inusitada que despertava ao mesmo tempo curiosidade e indignação, respeito e repulsa, amor e ódio. Personagens de Camus.

O teatro espontâneo lhes foi, entretanto, extremamente revelador e catártico.

A questão do marco teórico

Numa das ocasiões em que foi possível processar, ainda que sem grande aprofundamento, o trabalho que se vinha desenvolvendo em Muyurina, circulou a tese de que eventuais divergências quanto aos procedimentos ditos psicodramáticos tinham a ver com o marco teórico que consubstanciava as diferentes posições. A partir daí, era como se nada mais pudesse ser discutido ou questionado.

No caso específico, o bibliodrama se desenrolara num clima de pregação religiosa, porque para os colegas que o dirigiram a Bíblia é a palavra de Deus, o que justifica todos os esforços para tentar compreendê-la e aplicá-la à vida quotidiana.

O texto bíblico, insuscetível a qualquer esforço de recriação, jamais poderia, por isso mesmo, ser tomado da mesma forma com que se tomam notícias de jornais, quando se trabalha com jornal vivo, em que a partir do texto nuclear se constrói uma nova história, da qual esse texto representa um mero inspirador.

De acordo com esse "marco teórico", não se autoriza nem mesmo o bibliodrama que se vale de trechos da Bíblia como ferramenta no trabalho com conflitos de natureza religiosa ou espiritual, como o fazem bibliodramatistas mundo afora. Isso para não falar do abismo que separa esse enfoque daquele utilizado por psicodramatistas que sequer conhecem o bibliodrama, até porque conferem à sua atividade profissional um caráter laico.

O espanto causado pela atuação dos colegas bolivianos — não todos, é bom que se ressalve, porque vários deles fizeram questão de assinalar sua discordância em relação ao que faziam seus líderes institucionais — aciona uma reflexão extremamente difícil, cujo cerne é a questão da identidade do psicodrama.

Com efeito, sob esse amplo guarda-chuva abrigam-se as mais diferentes práticas, fundamentadas nas mais diversas concepções teóricas e, mais grave ainda, em visões de mundo radicalmente opostas.

Debater esse tema não significa tentar definir com quem está a verdade. Ou seja, não se cotejam posições para alcançar o melhor veredicto sobre quem está ou não certo. A tolerância e a generosidade são condições *sine qua non* para qualquer exercício teórico que se preze como conseqüente.

Mesmo quando, em Muyurina, surgiam sentimentos de revolta contra o que se afigurava como uso manipulatório do psicodrama para fazer proselitismo religioso, o mormaço cedia ao frescor da brisa anarquista que sopra sempre para esfriar cabeças quentes, lembrando-as de que a presunção de ser o detentor exclusivo da verdade está na raiz de todas as tiranias — inclusive a nossa!

A mente aberta não evita, entretanto, o desconforto ligado à identidade, quando determinado trabalho do qual visceralmente discordamos é caracterizado como semelhante ao nosso.

Umberto Eco usa uma figura muito interessante para analisar um fenômeno similar, os diferentes tipos de fascismo. Quatro posicionamentos políticos guardam entre si algumas semelhanças, que poderiam ser representadas pelo quadro abaixo, em que as letras designam conteúdos político-filosóficos:

Posição 1	Posição 2	Posição 3	Posição 4
ABC	BCD	CDE	DEF

Na medida em que as posições 1 e 2 guardam entre si dois pontos de semelhança ("B" e "C"), as posições 2 e 3, idem ("C" e "D") e assim por diante, todas elas são consideradas semelhantes entre si, enquadradas na mesma categoria (*air de famille*). A rigor, entretanto, as posições 1 e 4 nada têm em comum, senão o vínculo indireto, mediado pelas posições 2 e 3.

Numa outra analogia, quando se deseja estabelecer a relação de consangüinidade existente entre duas pessoas não basta considerar se têm ou não o mesmo sobrenome, nem se possuem uma história familiar comum. Um mesmo sobrenome nem sempre significa uma mesma genealogia, nem sobrenomes diferentes genealogias distintas. Assim como duas crianças que sejam criadas debaixo do mesmo teto, chamando os mesmos adultos de papai e mamãe, por estes criadas e amadas, podem não ter nascido do mesmo ventre. E o mais curioso é que com toda a sofisticação da ciência contemporânea, os exames quimiogenéticos, como o DNA, são decisivos apenas para excluir, nunca para incluir, ou seja, apenas negam hipóteses de consangüinidade, nunca as afirmam.

Quão difícil não é, assim, estabelecer linhas de parentesco confiáveis e confortáveis quando se trata de orientações técnico-teóricas em psicoterapia, principalmente no que tange ao psicodrama, tendo em vista que uma das características que lhe atribuiu seu criador foi exatamente a de funcionar como um corpo ao qual se agrega tudo o que se quiser agregar. Mesmo correndo o risco de que, em nome da generosidade, o organismo hospedeiro seja asfixiado pelo parasita.

É, portanto, indispensável que a questão dos diferentes marcos teóricos não seja enfrentada com indulgência leviana, a pretexto de se favorecer o congraçamento e a tolerância mútua.

A rigor, passar por cima das diferenças significa negar o seu significado, o que nada mais é do que fazer pouco do outro que pretendemos acolher, transmitindo-lhe a mensagem sutil de que o que ele pensa e considera determinante não tem a menor relevância. Conseqüentemente, também estamos dizendo que o que fundamenta nosso próprio trabalho não é coisa que deva ser levada muito a sério — e com certeza essa atitude vai ter uma tradução na seriedade com que encaramos nosso labor.

Discutindo as diferenças

As diferenças devem, pois, ser discutidas à exaustão, com respeito e tolerância, sem dúvida, porém com firmeza e seriedade. Só assim poderemos evitar surpresas como as de Muyurina.

Para viabilizar essa discussão, ensejando sua fertilidade, devemos entretanto prestar atenção, em primeiro lugar, à natureza dos conteúdos *sub judice*: sem cuidarmos dessa diferenciação, corremos o risco de despendermos enorme quantidade de energias, sem que desse empenho resulte nenhum avanço.

O dogma

Buber nos ensinou que o que ele chama de relação (eu-tu) é insuscetível de ser traduzido em palavras. Ou seja, por mais que tentemos explicar um encontro que vivenciamos, nossos recursos serão sempre insuficientes, porque se trata de algo singular, pessoal e intransferível.

Por definição, para que se caracterize uma relação o eu não pode cindir-se num eu que vivencia e outro que observa. Só depois que o encontro se desfaz é que pode haver uma tentativa de descrevê-lo. Estamos, então, já no âmbito do eu-isso, quando o encontro em pauta se constitui no isso, do qual o eu se distancia, para poder descrever.

Toda afirmação que se faça a respeito do vivenciado será, portanto parcial e imperfeita, respaldada por uma ocorrência inefável sobre a qual se pretende falar.

Essa é a origem dos dogmas: são afirmações de caráter definitivo, ainda que eivadas de pelo menos aparentes imperfeições lógicas e semânticas, que não podem ser discutidas de igual para igual, porque o interlocutor não tem acesso à fonte do saber que as fundamenta.

Mesmo que se consiga identificar alguma semelhança entre vivências dessa natureza — chamadas também de experiências de fé —, tal identificação se baseia numa tentativa de codificar o incodificável.

Começam aí as irreconciliáveis divergências teológicas, até mesmo porque toda teologia é por princípio uma heresia epistemológica: uma tentativa de aprisionar o infinito na finitude conceitual.

As discussões religiosas costumam ser estéreis exatamente por causa disso: ou se cotejam vivências absolutas e incomunicáveis, e aí tudo que se fala é absurdo, ou então se comparam elaborações feitas a partir da tentativa de comunicar ditas vivências, o que distancia ainda mais a formulação de sua fonte alimentadora.

Na experiência de Muyurina não há como contrapor a crença de que a Bíblia é a palavra de Deus — uma convicção de fé — a uma outra que diga qualquer coisa diferente, a partir da não-fé. O máximo que se pode fazer é uma parte ouvir a outra, para poder alcançar o cume possível de esclarecimento quanto às respectivas posições.

Dogma não se discute. Suas conseqüências, talvez sim, como veremos logo mais.

O postulado

É diferente o dogma do postulado. Este é também uma afirmação que estabelece discricionariamente um princípio, insuscetível de ser provado cientificamente, assim como o dogma. Só que não tem a pretensão de traduzir uma experiência singular que o validaria e o tornaria definitivo. É assim porque quem o afirma preferiu esse princípio a outro, dentro da sua liberdade de escolher e da necessidade de fazê-lo. No entanto, esse princípio, assim como o dogma, condiciona tudo o que vem depois. O que se segue a ele só pode ser compreendido à luz dele.

No caso dos paradigmas, por exemplo, define-se uma concepção básica, um caminho genérico, um ponto de partida, um ângulo de visão, cuja aplicabilidade transcende, em princípio, o objeto específico do conhecimento que se pretende alcançar.

Com essa definição, a busca da experiência e do saber deixa de ser errática, uma vez que os pontos cardeais, conhecidos, ajudam a localizar a direção em que se caminha.

O paradigma é, na verdade, uma convenção, ou seja, um critério que se acorda *a priori*, da mesma forma que se estabeleceu que o oriente é o lado onde nasce o sol, sendo o seu oposto o ocidente, o norte à frente, se se coloca o oriente à direita e o sul no pólo contrário.

Como convenção, pode ser rejeitada sem maiores justificativas — conquanto seja habitual que aquele que o faça não apenas explique sua opção como tente convencer de que a alternativa que oferece é muito melhor. No entanto, não pode ser desconsiderada se se pretende efetivamente compreender metodologias e produtos: erra irremediavelmente quem julga estes últimos à luz de postulados diferentes dos que lhes deram origem.

O mesmo acontece com os objetos da ciência. Nada pode obrigar alguém a investigar determinada área quando seu interesse está voltado para outra.

No campo psicodramático, essa questão é pungente: a tradição psicoterápica exige, de certa forma, a pesquisa dos processos chamados intrapsíquicos, quando não especificamente o inconsciente individual; no entanto, a estrutura teórica e os procedimentos técnicos do psicodrama foram estabelecidos para pesquisar relações intragrupais.

Aqueles que pretendem utilizar a teoria e os procedimentos técnicos do teatro espontâneo para uma psicoterapia convencional deparam-se, necessariamente, com a sensação/conclusão de que eles não lhes oferecem a base de que necessitam, razão pela qual vão buscá-las em outros fornecedores.

Curiosamente, a evolução do pensamento psicodramático revela uma tendência à superação dessa dicotomia, o que configura exigências metodológicas ainda mais diferenciadas.

O trato com os postulados, portanto, exige uma clareza quanto às suas conseqüências, e é aí que se situa o foco das discussões, se se pretende ir além do esclarecimento quanto à escolha feita pelos respectivos interlocutores.

As formulações hipotéticas

Se o dogma diz respeito a um conhecimento absolutamente personalizado, verdade absoluta para quem o afirma, enquanto o postulado representa a escolha discricionária de uma direção a seguir, as formulações hipotéticas constituem, na estratégia de busca da experiência e do conhecimento, os aspectos mais suscetíveis à contestação e à modificação, a partir da verificação empírica.

Consideramos formulações hipotéticas não apenas as tradicionais hipóteses científicas (proposições a serem aferidas pelo método experimental), mas também as teorias, os conceitos e os sistemas conceituais.

O conceito localiza e define determinado fenômeno, enquanto que os sistemas conceituais dizem respeito à articulação intrínseca dos diferentes conceitos. As hipóteses, em sentido estrito, descrevem as condições em que ocorrem os fenômenos conceituados; o conjunto de hipóteses, em suas articulações, constitui uma teoria.

Todos esses elementos são virtualmente úteis, na medida em que instrumentalizam o conhecimento e a atuação sobre a realidade. A rigor, alavancam a própria construção da realidade, enquanto ordenação do caos e expressão existencial.

O quanto são, de fato, úteis, só a continuidade da experiência é que vai demonstrar. Nesse caso, o confronto de idéias a respeito pode ser estimulante, na medida em que enseja uma reflexão que permite revê-los, reavaliá-los, reformulá-los, aperfeiçoá-los, descartá-los, substituí-los. Em outras palavras, condiciona a progressão do conhecimento por meio do esforço coletivo.

Nesse debate, é fundamental separar o joio do trigo: os dogmas devem ser identificados e tratados de acordo com sua singular especificidade; os postulados, da mesma forma; ambos devem ser esclarecidos e questionados quanto às suas implicações nos resultados posteriores. Com esse pano de fundo devidamente situado, aí sim, conceitos, sistemas conceituais, hipóteses e teorias podem ser submetidos a uma revisão crítica. Tal revisão abrange dois aspectos: a consistência intrínseca e a extrínseca.

No primeiro caso, o que se avalia é o tratamento que se dá às formulações hipotéticas, nas suas várias modalidades: quão precisos são os conceitos e sua utilização, como se dá a correlação entre os vários conceitos dentro do mesmo sistema, se não se está confundindo conceito com hipótese, hipótese com teoria e todos os vice-versas cabíveis, o quanto não se estão erigindo em dogmas e postulados.

No segundo, discute-se o quanto elas estão de fato instrumentalizando a ampliação da experiência e do saber.

A questão religiosa

É dentro desse contexto que se deve examinar a questão das relações entre a religião e o teatro espontâneo.

Numa aula recente, na escola de psicodrama de Campinas (Companhia do Teatro Espontâneo), o tema era o substrato religioso do pensamento de Moreno, tendo-se tomado como texto básico, para discussão, o estudo em que se demonstra a inspiração hassídica do criador do psicodrama. Um dos alunos, ao final da reflexão conjunta, expressa uma dúvida sincera e cruel: para ser psicodramatista seria, então, necessário, ser hassidista?

Pouco tempo antes, no 12º Congresso Internacional de Psicoterapia de Grupo, em Buenos Aires, centenas de profissionais do mundo inteiro viveram o espanto diante do misticismo que marcou a programação de abertura e depois, mais especificamente, os *workshops* em que se fazia psicodrama associado a sessões espíritas.

Em Israel, por ocasião do 5º Encontro Internacional de Psicodrama, um esforço ecumênico reunindo as três grandes vertentes religiosas do Ocidente e do Oriente Médio — muçulmanos, judeus e cristãos — redundou em enorme constrangimento, na medida em que o diretor de sociodrama utilizou elementos de sua própria religião como o elo que, supunha ele, ensejaria o congraçamento.

Poderíamos elencar uma série significativa de episódios e práticas semelhantes, que compõem, evidentemente, o cenário de Muyurina. Mais uma vez, cumpre diferenciar situações.

Em primeiro lugar, há uma presença da religião em todos os aspectos da vida humana, dos quais não se exclui a atividade profissional, inclusive o teatro espontâneo.

A religião é, antes de tudo, um fenômeno cultural que se faz sentir de forma mais ou menos explícita em todo o jogo de inter-relações em que o homem esteja envolvido (não exclusivamente as inter-humanas).

Em seu aspecto histórico-coletivo, evidencia-se nos valores, na linguagem, nas decisões do cotidiano, nas metas, na convalidação racional dos processos psíquicos e relacionais. E de tal maneira se insere que mesmo aqueles que procuram afastar sua influência sobre seu pensamento e sua práxis acabam sendo surpreendidos pelas armadilhas que eles próprios se preparam, utilizando insumos e procedimentos religiosos.

Nesse particular, enquadra-se a religião na mesma categoria que os demais conteúdos ideológicos que impregnam a vida coletiva: idéias que substituem a experiência e que podem sobreviver à revelia dela, porque entranhadas nas práticas sociais que, circularmente, as engendram e confirmam.

Assim, pode-se entender melhor as proposições de determinado líder cultural, quando se procura identificar seus antecedentes religiosos. Pode ser que a presença da religião em sua história seja apenas discreta, resumindo-se ao que é o mais comum entre os membros de determinada coletividade. Ou então, que a prática religiosa lhe seja tão relevante que não se possa descartá-la no processo de compreensão de seu pensamento.

O ingrediente religioso está muito mais presente na obra de Kierkegaard do que na de Moreno, e na deste mais do que na de Freud, que por sua vez o utiliza mais do que Skinner. Rastrear esse tipo de influência costuma ser muito interessante e positivo.

Atentar para e, o quanto possível, expurgar os aspectos ideológicos da interferência religiosa no teatro espontâneo é tão importante quanto o mesmo procedimento aplicado a ideologias de outra fonte ou natureza.

Esse tipo de retaguarda religiosa pode caracterizar até mesmo a atuação de pessoas que, embora tenham vivido ou estejam vivendo uma experiência religiosa altamente significativa para suas vidas, procuram entretanto dissociá-la de sua faceta profissional. É evidente que essa separação operacional tem seus limites, dado que a vida é una e que os esforços no sentido de segmentá-la e enquistar áreas específicas acabam tendo conseqüências por vezes muito mais severas do que a tentativa de gerenciar eventuais contradições, o que pressupõe explicitação e enfrentamento.

Há, por outro lado, aqueles que procuram trazer a religião para a linha de frente de sua prática. Identifico pelo menos três atitudes suficientemente distintas.

1. Uma delas é a que procura estabelecer correlações entre o teatro espontâneo e uma determinada corrente religiosa, buscando que se fertilizem mutuamente. A presença de ambos, em sua prática, é visível, sem que entretanto haja predominância de um sobre o outro. É como se preservassem sua identidade mas se possibilitassem intercâmbios que, evidentemente, acabam imprimindo ao psicodrama um halo religioso e à religião um teor psicodramático. Nesse sentido, seu teatro espontâneo diferencia-se dos demais por causa da coloração místico-religiosa, enquanto que sua prática religiosa também acaba por assumir feições próprias, em função de seu compromisso com idéias e práticas do teatro espontâneo.

2. Essa proposta se distingue de uma outra, que é a que pretende complementar o teatro espontâneo com elementos extraídos da prática de determinada religião e de tal forma o saturam que a face religiosa se torna predominante. Comparando com procedimentos agrícolas, o teatro espontâneo é o cavalo e a religião é o enxerto: o produto é mais parecido com o enxerto do que com a planta que lhe deu suporte e enraizamento. É bem provável que este segundo caso seja um mero desdobramento do primeiro, em que a força do parceiro religião acabou por suplantar o parceiro teatro espontâneo. Em todo caso, o resultado aparente guarda algumas diferenças.

3. Já totalmente distinta é a prática religiosa que busca no teatro espontâneo um aliado operacional. É importante ressaltar que, neste caso, o objetivo maior é de natureza religiosa: aprofundar a experiência, eliminar obstáculos a ela, ganhar adeptos. O teatro espontâneo é apenas uma das táticas e estará sempre a serviço da meta religiosa. Sua escolha se deve, provavelmente, ao fato de que seu substrato teórico é tido como mais frouxo, mais permeável, potencialmente menos conflitivo com os princípios religiosos.

Iniciando um debate

Minha proposta ao leitor é que não nos limitemos a dizer que o debate é importante: não basta estarmos de acordo em que afirmar a existência de diferenças quanto ao marco teórico não encerra a questão,

192

quando se confrontam diferentes formas de fazer teatro espontâneo, como se estivéssemos jogando a brincadeira infantil da "vaca amarela". É preciso que esse debate seja iniciado.

Nesse sentido, proponho-me a explicitar alguns pontos que considero fundamentais na caracterização da identidade do teatro espontâneo. É uma provocação, um desafio, que espero seja correspondido.

Teatro espontâneo não é religião

Comecemos com a questão do dogma.

A "religião do encontro", que verificamos nos primórdios da biografia de Moreno, foi uma fase superada que, se por um lado permite entrever a evolução de seu pensamento, por outro nos desencoraja a repetir esse pedaço da história.

O encontro é um fenômeno cuja identificação abre novas e amplas perspectivas de plenificação da vida, razão pela qual encontra um lugar de destaque no teatro espontâneo, como uma experiência a ser buscada e favorecida. Não constitui, entretanto, um álibi para fazer do teatro espontâneo uma nova religião.

O entusiasmo de Moreno com suas descobertas tem muito mais o caráter de obstinação na busca de ampliá-las e de torná-las acessíveis — o que significa reconhecimento público de sua importância — do que propriamente de um fanatismo religioso, o que contrasta com o radicalismo de seus arroubos juvenis.

Para nós, que também descobrimos um dia o teatro espontâneo, não faz muito sentido erigi-lo em dogma, em uma missão semelhante à que foi confiada aos primeiros apóstolos cristãos: "Ide por todo o mundo e pregai o evangelho a toda criatura".

Essa descoberta deve ser valorizada como uma alternativa de trabalho que nos agradou, que adotamos e que, por isso mesmo, desejamos que seja aprofundada e aperfeiçoada, para que nossa atuação profissional se torne cada vez mais competente. Daí a busca de ampliação do círculo de praticantes e de interlocutores, pois só o esforço coletivo é que pode proporcionar uma massa significativa de experiências, capaz de alavancar o desenvolvimento desejado.

Não se trata de fazer proselitismo, nem de buscar converter os ímpios, fazendo com que encontrem o caminho do bem.

E como teatro espontâneo não é religião, não pode fundamentar-se em dogmas. Seus pressupostos e seus procedimentos podem e devem ser constantemente questionados, inquiridos, criticados, virados ao avesso, sob pena de se transformarem nas conservas culturais cujo sentido escravizador faz delas o principal alvo dos esforços mudancistas do teatro espontâneo.

Explicitando postulados

Por outro lado, há alguns postulados que se fazem necessários para balizar nossa atuação.

Considero que o objeto de nosso trabalho está nos fenômenos situados na intersecção entre o individual e o coletivo. Não fazemos psicologia nem sociologia, tampouco psicossociologia ou sociopsicologia. Trabalhamos as relações interpessoais não como fenômenos do psiquismo (como se fôssemos herdeiros de Sullivan) nem como fenômenos sociais isolados com a objetividade proposta pelos sociólogos.

Abordamos esses fenômenos enquanto posição existencial, em sua singularidade, considerando as pessoas concretas neles inseridas. Não para fechar conclusões, presumindo que comportem um único significado e uma única explicação se não correta, pelo menos a mais correta.

Nossa tarefa é proporcionar uma nova experiência capaz de levar ao ponto exatamente contrário: abrir a vida relacional para novos e múltiplos sentidos.

É por aí a nossa recusa dos modelos cartesianos, na medida em que estes nos colocam como observadores externos e neutros de uma realidade que existiria em si, independente de nós, cabendo-nos identificar as leis que regem o encadeamento dos fatos que estão sendo estudados e aplicá-las à sua compreensão.

Nessa nossa perspectiva, as relações todo-parte não são abordadas à semelhança de uma máquina, cujas peças têm uma existência em si, devendo, para compor o todo, estar devidamente articuladas e ajustadas. Se o todo não estiver funcionando a contento, nessa perspectiva dita mecanicista, haveria que buscar a parte avariada, corrigi-la e reinseri-la, com as indispensáveis regulagens.

Entendemos a vida humana como integrando uma totalidade que ao mesmo tempo a determina e é por ela determinada. Ou seja, se focalizamos uma área específica de um todo, não podemos esquecer que na penumbra continuam as áreas que ficaram fora do foco mas que continuam existindo da mesma maneira que a que momentaneamente privilegiamos; que fazemos parte dessa totalidade e que, enquanto terapeutas, *lato sensu*, estamos dentro do campo focalizado e não fora dele.

O objeto de nossa ciência, como o definimos acima, encarado a partir de uma perspectiva holístico-existencial, é um dos nossos postulados.

Basquete sem bola

Não somos os únicos a adotar essa postura básica.

É comum ouvirmos referências ao fato de que alguns profissionais se autodesignam psicodramatistas porque adotam, em seu fazer, uma "postura psicodramática".

Que vem a ser essa postura?

Sua característica básica é o que se chama de sentido humano da relação, em que o terapeuta se coloca como pessoa, abrindo ao cliente até mesmo aspectos de sua vida pessoal, dentro dos limites da conveniência e do conforto.

Essa afirmação embute uma crítica ao que seria uma atitude fria adotada por profissionais de orientações teóricas diversas, como se ser caloroso fosse virtude e ser distante fosse inumano. O principal alvo dessa alfinetada é, sem dúvida, a psicanálise, cujo *setting* e cujas exigências assépticas a tornariam menos desejável (independente de considerar se isso é bom ou não, do ponto de vista metodológico).

Essa aparente indulgência, que do lado de lá costuma horrorizar os psicanalistas e a maioria dos terapeutas que se dizem "de orientação analítica", não é patrimônio exclusivo do teatro espontâneo: adotam-na os rogerianos, os gestaltistas, os reichianos, os corporais, os holísticos, os "místicos" em geral, enfim, todos aqueles que não precisam, metodologicamente, de um terapeuta "tela em branco".

A dramatização ou mesmo as técnicas de ação não estão necessariamente incluídas nessa "postura". Aliás, o termo "postura" parece ter sido criado exatamente para caracterizar como psicodramática uma terapia verbal.

Pensar cenicamente

O psicodrama nasceu do teatro espontâneo: a rigor, é o mesmo teatro espontâneo, onde o conflito psíquico ocupa quase todo, se não todo, o espectro temático (há quem defenda que, na verdade, todo conflito é necessariamente psíquico; mas essa leitura não é universal).

O teatro se faz de cenas. São histórias que se contam.

O teatro do dramaturgo é o texto que ele escreve. Que não é só a récita dos atores quando encenam a peça que ele cria. O autor visualiza uma representação, antecipa em sua mente o palco acontecendo. Suas rubricas descrevem cenários, figurinos, coreografia, marcações, iluminação, sonoplastia, tudo... além das falas. A bola do basquete do dramaturgo não é a encenação concretizada, mas a cena idealizada.

Esse deslocamento pode ser a chave para um psicodrama sem ação, por mais absurda que possa parecer tal proposta.

Não há como negar que todo o edifício psicodramático foi planejado e construído para o trabalho com grupos. E nessa área pode ser considerado imbatível.

Quando se trata, porém, de utilizá-lo no atendimento de um único paciente, reduzindo-se a unidade funcional a uma só pessoa, sem dúvida que alguma adaptação tem que ser feita.

O uso de almofadas como símbolos de elementos cênicos e de personagens, conquanto largamente disseminado e sem dúvida de grande utilidade, tem limites muito sérios que vão muito além daqueles denunciados pela recusa de certos pacientes em "falar com almofadas".

Dentre essas limitações podemos destacar o fato de que é muito difícil criar determinados climas emocionais que seriam indispensáveis; que as histórias acabam direcionando-se para uma estrutura literária reducionista, o foco em apenas dois personagens; que é muito difícil o aquecimento dos papéis de ator e autor quando não há platéia nem atores disponíveis para a contracena, suscitando no paciente a sensação pertinente de ridículo; a extrema complexidade do desempenho simultâneo pelo terapeuta dos papéis de diretor, ego-auxiliar e platéia e assim por diante.

Nesse caso, pode ser estimulante a idéia de que o foco poderia voltar-se para a produção dramatúrgica, que consistiria em levar o paciente a buscar cenas em sua experiência e criar histórias a partir delas.

Essa mudança de foco cobriria duas funções básicas do teatro espontâneo, indispensáveis para a terapia que pretendemos: o contar histórias e a criação.

Com isso, amplas avenidas para aperfeiçoamentos técnicos e teóricos se abrem, tornando prescindíveis os atalhos e trilhas improvisadas que costumam ser utilizados como "complementação", dada a precariedade tanto da chamada "postura" psicodramática como de um psicodrama desteatralizado.

Seriam descartadas as "interpretações", as "mostrações", as "devoluções", as "pontuações", os "apontamentos", os exorcismos destinados a fazer aparecer emoções ou a purgar o psiquismo de sentimentos considerados indesejáveis, e assim por diante, dentro do universo poluído por resíduos degradados de outras abordagens que se incorporam à prática do teatro espontâneo.

Por extensão — e tomando mais especificamente um tipo de complementação que vem sendo ultimamente muito questionado — dispensam-se também os aportes religiosos.

Isso porque o pensar cênico-dramatúrgico é de uma riqueza quase inesgotável. O quase, aqui, é cautelar, porque na verdade, como toda arte, não há limites para a criação, para o novo, para a expressão da sensibilidade, para o saber ensejado pela intuição.

No caso do teatro espontâneo, em que se pretende o desenvolvimento da espontaneidade, a experiência de criar é fundamental.

O referencial sociométrico

Quando se fala em sociometria, mesmo entre os psicodramatistas que possuem cartucho com sinete, a primeira associação que se faz é com o teste sociométrico. Infelizmente, porque essa redução significa viver pobre por não saber a riqueza que possui.

Por sociometria entendemos a compreensão da interação dos personagens que integram determinada cena existencial.

Trocando em miúdos: minha vida de relações, como eu a vejo e represento no contexto dramático, mesmo por meio de caracteres ditos fictícios, inclui um sem-número de personagens, que participam da trama com os mais diferentes papéis.

Se eu quiser compreender o que acontece, a primeira coisa que faço — ainda que não sistemática e deliberadamente — é mapear essas relações, ou seja, definir quem são os personagens, de que tipo são seus vínculos, como interagem, quais são os seus papéis e como eles estão integrados entre si e com o todo do enredo.

A proposta moreniana consubstanciada no teste sociométrico é verificar como se organizam as forças de atração e repulsão, em função de um critério (que é o projeto dramático, ou seja, o para que do estarem juntas essas figuras). Operacionalmente, faz-se uma delimitação, uma focalização, porque a quantidade de personagens dessa trama é enorme e seria difícil mapeá-las todas de uma só vez: essa delimitação é o átomo social. Para ampliar a compreensão, entretanto, é necessário ir além dele, para a rede da qual ele faz parte, uma extensão que praticamente não tem limites.

A atuação desses personagens não se dá caoticamente: tendo como referência o projeto dramático, cada um tem o seu próprio papel, que não pode jamais ser compreendido isoladamente, sem referência ao inter-jogo com os demais papéis e ao todo da trama. Uma observação: esse é um risco que nos ronda permanentemente, ou seja, tomar os papéis no sentido sociológico — como Rocheblave-Spenlé — ou psicológico — como se fora uma característica da personalidade.

Tomado entretanto no seu enfoque existencial, o conceito de papel nos permite ir além da carta de quem é quem, compreendendo a multi-plicidade de projetos dramáticos que se entrecruzam em histórias apa-rentemente simples, conquanto dotadas de profunda dramaticidade.

É nesse momento que o entrosamento criativo (tele) se transforma numa busca permanente, num esforço para transcender o pressuposto do sentido único que pretendemos conferir aos fatos e que funciona como camisa-de-força que contém o "enlouquecimento" que a abertura para o outro e para o todo poderia significar.

Essa perspectiva teórica não tem sido profundamente explorada, talvez porque nem sempre acreditemos em sua fertilidade — daí que não a tomemos como postulado de nossa prática, senão nominalmente.

Se se trata de caracterizar a identidade do teatro espontâneo, entre-tanto, entendo que esse seria um dos pilares, ou seja, sem sociometria não há teatro espontâneo. Se a dramaturgia poderia ser considerada a bola, a sociometria seria a cesta: em torno de ambos se desenrolaria o jogo.

E onde fica a ação?

Tenho insistido que no teatro espontâneo, como no psicodrama, a ação que se exige é teatral, cênica. Jogos, jogos dramáticos e técnicas de ação constituem atividades paralelas, preliminares, complementares, que apesar do parentesco não chegam a caracterizar o psicodrama ou o teatro espontâneo. Num primeiro momento, podem até parecer sósias, mas um pouco mais de atenção vai levar à constatação de que não é isso.

Os grupos constituem, sem dúvida, a condição ideal para desen-volver a criação teatral coletiva, tanto dramatúrgica quanto repre-sentativa. Afinal de contas, o teatro espontâneo foi concebido exatamente para atividades grupais e é inconcebível que desperdicemos a oportuni-dade de utilizá-lo integralmente.

Já o enorme desafio que temos que enfrentar é a tradução dessa metodologia para o trabalho com indivíduos, separadamente. Parece que a falta de parâmetros mais claros ou a utilização de parâmetros equivo-cados têm sido as principais responsáveis por uma espécie de "culpa por não dramatizar", que assola muitos de nossos colegas, sem contar o definhamento técnico-teórico.

O mais intrigante na nossa história recente é, entretanto, o caminho inverso: na medida em que empobrece a prática bipessoal, seus reflexos acabam atingindo o próprio trabalho com grupos, que se reduz a exercícios de relaxamento e de integração grupal, "imagens", "entrevistas com o personagem", "pesquisa de sentimentos e fantasias" e pouco mais que isso. É a hora em que o teatro espontâneo só não basta.

E Muyurina, como fica?

O psicodrama não é apenas uma técnica psicoterápica. A palavra de ordem que prega que ele deve transpor as paredes dos consultórios tem sido cada vez mais não apenas o *slogan* de radicais: mais e mais se encontram o psicodrama e o sociodrama em lugares onde existem grupos para serem trabalhados. A redescoberta da vertente do teatro espontâneo tem sido uma facilitadora desse processo, uma vez que ajuda a purgar o trabalho do ranço psicoterápico que em passado recente afastava a clientela que se pretendia alcançar.

Daí que não há como pensar que ele não possa ser utilizado como ferramenta de trabalho para comunidades religiosas: para resolver seus próprios conflitos, para trabalhar problemas espirituais e até mesmo para divulgar suas mensagens, como o fazem aqueles que utilizam o teatro espontâneo para fins políticos, sociais, para conscientizar a respeito de saúde pública etc.

A questão não é de ordem técnico-teórica, porém ética. Ou seja, quando o teatro espontâneo for utilizado para fins religiosos, esse objetivo tem que ser explicitado previamente, dando ao participante o direito de aceitar ou não o convite. Atenção: é convite, mesmo. Qualquer coisa que não respeite esse pressuposto pode, com justiça, ser considerada manipulação.

Só que isso vale não apenas para eventos de propaganda religiosa, mas para qualquer outro tipo de realização, cujas finalidades devem ser sempre prévia e abertamente definidas.

Entendo que a associação entre teatro espontâneo e religião é não só dispensável como indesejável, se se pretende com a religião complementar o que seria uma deficiência do teatro espontâneo. E aí nem importa muito se o que prevalece é o teatro espontâneo ou a religião, no equilíbrio de forças entre os dois parceiros. Entretanto, nos casos em que se pretende instrumentar com o teatro espontâneo uma prática religiosa, vale a consideração ética acima.

Por outro lado, se o cotejo entre conceitos psicodramáticos e conceitos religiosos tiver como finalidade o esclarecimento e a ampliação da compreensão tanto de uns quanto de outros, é claro que isso pode ser um exercício saudável. Desde que, evidentemente, se tenha presente o risco de resvalar para o sincretismo ou para um ecletismo complacente porém inconseqüente.

E para concluir, retomo minhas reflexões sobre a permanente ameaça da ideologia e da ideologização, que se consubstancia não apenas nos conteúdos religiosos que se infiltram no pensamento do teatro espontâneo, mas em todas as idéias que sejam tomadas como definitivas e não sujeitas à verificação empírica. Inclusive estas minhas proposições.

12

O CONCEITO DE CO-TRANSFERÊNCIA

É óbvio para mim que eu não posso aceitar que os fenômenos interpessoais que são freqüentemente descritos como "transferência" sejam realmente verdades objetivas, e por isso mesmo eu tenho dificuldade também em acreditar que os terapeutas não estejam se auto-enganando quando afirmam que são capazes de serem observadores objetivos. Na medida em que o simples ato de observar automaticamente envolve a pessoa na circunstância que ela observa, seu impacto é muito maior no encontro terapêutico.

Stuart Walsh

O encaminhamento da dramatização e do processo pedagógico-terapêutico depende de uma série de convicções do diretor a respeito do que está fazendo.

Essas convicções nem sempre são explícitas, articuladas e questionadas: a função do pensamento teórico é exatamente proporcionar essa explicitação, organizá-la e refletir sobre ela. E, principalmente, estabelecer os vínculos entre o que se pensa e o que se faz, superando dessa forma o risco de dissociar a prática da teoria que a fundamenta.

Sendo o teatro espontâneo uma prática que não se funda exclusivamente na linguagem verbal, a teoria por vezes parece descartável, por não termos necessidade de ter um dialeto a ser ensinado aos usuários para com eles podermos (pseudo-)comunicar-nos, como costuma acontecer nas várias formas de psicoterapia.

No entanto, temos alguns temas teóricos recorrentes, diante dos quais acabamos tendo uma postura ambivalente: por um lado, uma grande curiosidade, por outro um solene desdém. Como na fábula da raposa e as uvas.

Uma dessas "áreas de risco" diz respeito aos conceitos de tele e transferência, sobre os quais conseguimos ler e ouvir as mais disparatadas observações, como se cada psicodramatista tivesse a sua própria concepção, ainda que diametralmente oposta a do seu colega com o qual estabelece unidade funcional, e isso não tivesse a menor importância, em termos práticos.

A principal dificuldade é que, tradicionalmente, os dois conceitos são apresentados de forma articulada, como se um complementasse o outro, quer como o seu contrário, quer como indicadores de saúde (tele) e enfermidade (transferência), quer como caso particular um do outro, ou ainda como faces de um mesmo sistema.

É justamente por aí que começam as dificuldades. Que fenômenos são esses? Em que circunstâncias ocorrem? Que eles têm a ver com o cotidiano de nossa prática? Em que medida sua compreensão nos ajuda a iluminar nossa tarefa?

Numa primeira fase do desenvolvimento do psicodrama no Brasil, Moreno foi tomado como uma espécie de Bíblia, sendo suas afirmações citadas e repetidas *ipsis verbis*, da mesma forma como algumas seitas evangélicas costumam referir-se às palavras encontradas nos textos sagrados do cristianismo.

Transformando-as num padrão estereotipado de linguagem, acaba-se veiculando, acriticamente, uma visão do mundo que nada tem a ver com o universo dentro do qual essas palavras foram criadas.

Acredito que o que intriga nesses conceitos é que eles tipificam, da maneira mais eloqüente, o grande desafio teórico do teatro espontâneo, que é trabalhar numa área onde se interpenetram fenômenos tradicionalmente confinados em territórios tidos como bem delimitados.

Uma dessas interfaces é a área de intersecção entre o individual e o coletivo. Ou seja, tele e transferência descrevem funções adaptativas em nível de personalidades singulares ao mesmo tempo que de conjuntos de pessoas em interação. Mas até que ponto se pode falar de algo que transcende os organismos biológicos, como uma realidade "entre" esses organismos? É difícil fugir desse viés epistemológico.

Por outro lado, é quase impossível deixar de encarar os fatos sob o ângulo da sua normalidade e desejabilidade, em contraposição às formas patológicas e patogênicas de comportamento ou, no mínimo, de "reação".

Talvez por esse motivo a discussão desses conceitos acabe sendo tão apaixonante que, por mais que se repita, deixa sempre uma pitada de insatisfação. Um atestado disso é o lugar especial que acabou tendo dentro da estrutura deste livro, merecendo um capítulo à parte. Parece que, ao levá-la cada vez mais adiante, vamos explorando mais profundamente a especificidade de nossa área de atuação, enriquecendo-nos no confronto com questões fundamentais por meio de uma de suas traduções concretas.

Dentro desse contexto, tele tem sido considerado, pelo ângulo de uma epistemologia objetivista, como o termo capaz de designar uma qualidade do fenômeno perceptual, segundo a qual o percepto se assemelha ao objeto: a capacidade de "ver o outro como ele é".

Nesse sentido, o conceito tem sido considerado como o oposto de transferência, fenômeno este que consistiria em impregnar o percepto de características mais próprias do sujeito que do objeto.

Essa aproximação teórica esbarra nas pesquisas sobre a natureza da percepção: sendo o percepto, necessariamente, o produto de fatores do sujeito e do objeto, não há como imaginar-se, senão como uma espécie de absoluto patológico, um percepto constituído exclusivamente de fatores subjetivos (transferência). O mesmo quanto ao seu oposto, qual seja, aquele que se formaria tão-somente às custas de fatores objetivos. (tele).

Nesse caso, não poderia existir tal fenômeno nomeado tele, pois não existe essa percepção tão objetiva que não inclua nenhum componente do sujeito percebedor. Por outro lado, a transferência, enquanto saturação do percepto com elementos subjetivos, pertence à natureza mesma do fenômeno perceptual. Nada de novo, portanto, em princípio, a acrescentar às propostas teóricas já tradicionais, quer se atribua ou não ao fenômeno transferencial, *a priori*, um caráter patológico.

Outra dificuldade nessa definição tanto de tele como de transferência decorre de contradições, pelo menos aparentes, da própria formulação moreniana, uma vez que se em alguns momentos ele nos autoriza a supor tele como um fenômeno de natureza individual, em outros ele insiste no seu caráter relacional.

A biunivocidade do télico — hipoteticamente mensurável pelo teste sociométrico — é muito difícil de ser compatibilizada com a tendência a situar a quase sempre presente transferência em apenas um dos pólos da relação. Ou seja, sempre que tele não acontece, a responsabilidade costuma ser debitada a um dos parceiros que, indevidamente, transferiu. Com o ser simplista, se não bizarra, essa concepção nada acrescenta, como inovação, à vertente sobejamente explicada pela psicanálise, qual seja, as articulações entre transferência e contratransferência.

Para que se pudesse atribuir alguma especificidade ao fenômeno tele haveria que buscá-la no seu caráter relacional e manter esse mesmo princípio ao investigar sua "patologia".

Em função dessas incontornáveis incongruências, o conceito sofreu, e ainda sofre, em vários espaços, uma tendência a ser, na prática, abandonado, no mínimo por desuso. Há quem explicitamente o considere inócuo e impertinente, devendo ser abandonado como ferramenta da reflexão. Opiniões abalizadas afirmam, inclusive, que o próprio proponente do conceito o teria abandonado em favor de um outro mais abrangente, o de co-inconsciente.

A outra alternativa que se tem oferecido é buscar, por meio das portas abertas pelo criador do teatro espontâneo, uma reelaboração do conceito que lhe restaure, se for o caso, seu valor instrumental, tanto para a construção do saber quanto para as transformações que almejamos alcançar com a ajuda do nosso método. O caminho começa por uma definição mais clara do objeto da ciência socionômica.

Na medida em que constatamos que esse objeto não é nem o funcionamento do psiquismo individual nem da coletividade, mas sim a articulação entre o individual e o coletivo, cria-se a possibilidade de considerar tele como um conceito que descreve um fenômeno observado dentro deste âmbito.

Por outro lado, é imprescindível que se estabeleça uma distinção entre a caracterização de um fenômeno e a investigação das circunstâncias em que ele ocorre: definir não é o mesmo que explicar.

Assim, remontando às primeiras inquietações de Moreno, vemo-lo diante de uma circunstância inusitada, para o seu teatro improvisado: quando atuavam juntos, alguns atores não conseguiam um entrosamento que favorecesse a criação conjunta, embora pudessem ser considerados, individualmente, como espontâneos. Em outros casos, ocorria o inverso: embora pudessem ser vistos como não-espontâneos, quando observados separadamente, os atores demonstravam uma espécie de espontaneidade coletiva, no momento em que eram colocados numa situação que exigia complementaridade.

Podemos situar aí a caracterização do fenômeno télico e defini-lo como aquela situação em que ocorre uma espontaneidade coletiva ou, em outros termos, uma sintonia grupal para a construção conjunta.

Depois dessa caracterização, podemos passar a investigar as circunstâncias nas quais ele ocorre e nas quais deixa de ocorrer. É nesse momento que o conceito de transferência pode ter alguma utilidade.

Quando empregado na sua formulação psicanalítica originária, serviria para descrever o que ocorre com cada indivíduo em particular, envolvido na relação, quando não se constata a existência de tele. Não

204

necessariamente dentro de uma perspectiva causalista, pela qual se poderia afirmar que a tele não ocorre porque um ou mais dos indivíduos em questão estão funcionando transferencialmente.

É possível pensar de forma holística e constatar que concomitantemente à não-fluência da criação coletiva ocorre, a nível individual, uma transferência (sem cair na compulsão de definir o que é causa do quê). Nessa hipótese, a transferência seria um meio de acesso ao evento não-tele.

Outra possibilidade teórica seria reciclar mais radicalmente o conceito de transferência, assimilando-o ao conjunto do pensamento socionômico. Para isso, o caminho poderia ser partir de um outro conceito, que é a teoria de papéis. Quando as pessoas se encontram numa relação qualquer, há um objetivo comum entre elas ("para que estamos aqui, juntos?"), sendo esse objetivo o que vai nortear a participação de cada um, definindo, por conseqüência, os respectivos papéis. A esse conjunto objetivos mais papéis se denomina projeto dramático.

Os papéis representariam, nesse caso, a indispensável sinalização para a complementaridade dos atos de cada um dos parceiros. Na medida em que essa sinalização é cristalizada, impedindo a flexibilidade exigida por circunstâncias novas, a espontaneidade deixaria de ocorrer. No entanto, se os parceiros se permitem reformular tal sistema de expectativas, durante a própria ação, teria curso a co-criação, ou seja, tele.

Mas se houver uma discordância dos parceiros (consciente ou inconsciente) em relação ao projeto dramático, afetando portanto a definição dos papéis, estes deixarão de atender ao seu requisito essencial, que é sua complementaridade. Enquanto tal concordância não for alcançada, a relação manterá sua característica não-télica. Se o projeto for, ele próprio, mantido à margem de sua indispensável atualidade, com certeza a co-criação restará impedida, subordinados que estarão os atos a referências alheias ao momento.

Tanto no primeiro como no segundo caso, os parceiros poderão estar sendo vítimas de um equívoco, ou seja, vivendo o projeto dramático presente como se estivessem vivendo um outro, e esse fato é que caracterizaria a não-tele como transferência.

Transferência descreveria, assim, um caso particular de não-tele, perdendo entretanto sua característica básica de nomear um fenômeno do psiquismo, passando a constituir-se, nessa re-conceituação, um evento do campo das inter-relações.

Outra possibilidade seria propor um novo conceito, o de co-transferência.

O fenômeno, assim designado, seria uma característica identificada numa relação concreta, segundo a qual os parceiros lançariam mão, na construção de sua especificidade interacional, de experiências anteriores, vividas entre eles próprios ou então entre cada um deles e terceiros, como referência para a construção do vínculo presente.

Em vez de tomar emprestado o conceito psicanalítico de transferência (referido especialmente aos conteúdos afetivos e aos instrumentos para administrá-los, em nível intrapsíquico), tomar-se-ia como paradigma o conceito de transferência adotado pela psicologia da aprendizagem: um aprendizado se completa quando, além de se assimilar determinado conteúdo, consegue-se extrapolá-lo para outras situações diversas da originária, na forma de transferência, num primeiro momento, e de generalização, num passo posterior.

Dentro desse prisma, a transferência deixa de ser um fenômeno de higidez suspeita (ainda que se considere "normal") para se tornar até mesmo desejável. A abordagem pedagógico-terapêutica não teria como finalidade corrigi-lo, nem mesmo minimizar seus efeitos deletérios.

Paradoxalmente, a pista para esse tipo de enfoque é fornecida pelo conceito de feixe de papéis (*clusters*), segundo o qual alguns papéis, aprendidos numa fase em que um dos parceiros apresenta o modelo e o outro o apreende, funcionam como matrizes para o aprendizado de outros papéis que apresentam uma estrutura básica semelhante, tanto em termos de expectativas de comportamento como de referências afetivas.

Isso quer dizer que um modelo relacional aprendido dentro de determinado contexto é transferido para outro, servindo como base para as devidas adaptações (espontaneidade) e para uma apreensão muito mais rápida da atualidade dos novos papéis.

É importante observar que não se trata de um processo que se pode descrever como característica de apenas um dos parceiros de determinada relação. Envolve todas as partes simultaneamente: todos precisam transferir e ir ajustando as contribuições trazidas, adequando-as ao momento presente. Se logram entrosar-se e complementar-se na criação, estaria caracterizado o fenômeno télico: tele seria sinônimo de uma boa co-transferência.

É bom lembrar, a propósito, que as relações de papel não são exclusiva nem predominantemente bilaterais, porém multilaterais, como implicado, tanto no conceito de átomo cultural como também no de átomo social.

A co-transferência seria, dentro dessa perspectiva, um componente necessário na construção dos relacionamentos interpessoais, suscitando a questão de identificar qual a aprendizagem anterior que está sendo trans-

206

portada para a nova situação, como se dá o processo de complementação entre as diversas contribuições, em que medida elas se ajustam ao momento presente e a que preço, qual a sua flexibilidade, além do seu potencial criativo.

O que se poderia questionar, em todas essas propostas, é a vantagem de redefinir e reciclar, num contexto teórico diferente, um termo já consagrado no interior de outros referenciais. Parece ser um ônus a ser assumido, por ora, até que o desenvolvimento da teoria nos possibilite o passo seguinte, que seria nos desvencilharmos de conceitos ambíguos. Ou quem sabe essa ambigüidade deva permanecer como pedra no sapato, a nos recordar, a cada momento, que estamos trabalhando num terreno cuja natureza não permite cochilos nem acomodações, sob pena de escorregarmos para um mini-oásis alienado, onde coletivo é coletivo e individual é individual.

13

O PROCESSAMENTO EM PSICODRAMA[1]

O termo processamento foi incorporado ao linguajar cotidiano dos profissionais de psicodrama com acepções variadas. Só de uns tempos para cá é que se começou o processo de discussão com o objetivo de fazer um balanço das situações e formas como ele é empregado e, quem sabe, chegar a um consenso sobre o seu significado.

Enquanto não se alcança esse mínimo de acordo, vão se acumulando, naturalmente, muitos desencontros de opiniões. Nos certames da área, é impressionante o fato de que os convidados a proceder ao processamento dos eventos encaram a tarefa com diferentes dúvidas e certezas quanto à sua natureza, gerando, como conseqüência, uma perplexidade geral.

As diferenças entre os diversos processadores não dizem respeito apenas ao jeito de fazer, mas, mais do que isso, apontam para divergências, incertezas e imprecisões nas articulações conceituais.

---

1. Este texto é uma reformulação do artigo com o mesmo título, publicado em 1994 na *Revista Brasileira de Psicodrama*, vol. 2 , fasc. II, pp. 13-24, em co-autoria com Miriam Tassinari.

Na escola de Tietê, o psicodrama é ensinado principalmente por meio de vivências psicodramáticas. Num fim de semana — que é a duração de cada módulo do curso — acontecem dois eventos sociopsicodramáticos dirigidos por professores e pelo menos mais dois dirigidos por alunos. Após cada um desses atos, promove-se uma discussão técnico-teórica do que aconteceu.

Em geral, o debate toma como ponto de partida as perguntas e observações feitas pelos próprios alunos, que se interessam por compreender o que foi feito, principalmente do ponto de vista de técnicas de direção e, em escala menor, da atuação cênica dos auxiliares e da dinâmica do grupo. Seria isso, a rigor, um processamento? Se não, o que é então?

Processamento e compartilhamento

Para conseguirmos responder a essa pergunta, é fundamental diferenciar processamento de compartilhamento.

O significado da terceira etapa da sessão de teatro espontâneo não é unânime, e a grande dúvida que costuma surgir é a respeito de que tipo de comentários se espera das pessoas.

Há uma tradição, na prática psicoterapêutica, que é a de se descrever aspectos da personalidade ou do comportamento do paciente (no caso do psicodrama clássico, isso se aplica principalmente ao protagonista), comunicando a ele tais observações, com a evidente expectativa de que, tomando conhecimento desses fatos, o paciente se sinta esclarecido e encorajado para modificar-se.

Quando o diretor de psicodrama considera esse tipo de intervenção indispensável, propicia aos demais integrantes do grupo um modelo de participação, autorizando, de certa forma, os outros membros do grupo a adotarem procedimentos semelhantes.

O mesmo se observa quando se julga necessário fazer interpretações ou pontuações, no sentido psicanalítico da intervenção.

Em contraposição a essa prática, há os que esposam a tese de que o que deve ocorrer é tão-somente um testemunho dos participantes do grupo a respeito das emoções vivenciadas durante a dramatização e das correlações possíveis entre a cena do protagonista e a experiência de cada um, seja na vida pessoal, seja em outros aspectos da vida de relações.

Como corolário, seria dispensável o "fechamento" que o diretor se vê compelido a fazer, sob a forma de comentários que sintetizem o ocorrido, demonstrem o seu significado e proporcionem uma ampliação da experiência para o plano cognitivo. Mesmo reconhecendo que em algumas circunstâncias poderia ser pertinente e que na maior parte das vezes constitui até mesmo uma reivindicação do próprio grupo.

Partindo desse pressuposto, fica mais fácil estabelecer as distinções entre processamento e compartilhamento.

Em primeiro lugar, suas finalidades são diferentes.

O compartilhamento é parte integrante da sessão propriamente dita, caracterizado como o momento em que a experiência individual do protagonista em cena é grupalizada, permitindo a volta do protagonista ao contexto grupal sem que continue desnudado como estava no contexto dramático. Visa, pois, a uma complementação do trabalho, proporcionando a todos a oportunidade de explicitar o seu quinhão na experiência que se está vivendo.

Já o processamento se dá fora do âmbito da sessão, ainda que informalmente, tanto pela unidade funcional, quando os profissionais discutem entre si o que aconteceu, quanto pelo diretor solitário, quando medita sobre o que ocorreu e/ou troca idéias com colegas a respeito.

Essa reflexão proporciona aos profissionais uma oportunidade de crescimento.

Quando o grupo que participou da sessão é integrado por alunos ou por gente da área que quer explorar o acontecido como uma forma de desenvolvimento profissional, esses membros podem ser incluídos na discussão processante, que passa a ter, assim, um caráter didático. E é isso que em geral provoca confusões, como se o processamento fosse uma quarta etapa, obrigatória, da própria sessão.

A natureza do que se discute no compartilhamento e no processamento também é radicalmente diferente. No compartilhamento se fala a partir das vísceras; no processamento, a partir do cérebro. Ou seja, enquanto que a terceira fase da sessão representa uma ampliação da vivência afetiva, proporcionando até mesmo encontros, no sentido buberiano, o processamento requer um distanciamento, na linha do "eu-isso", racional, descritiva, reflexiva, explicativa.

Daí que se insista na conveniência de ritualizar a passagem da fase de compartilhamento para o processamento. Quando feito subseqüentemente à sessão, pode-se fazer um intervalo, uma mudança de sala, ou ainda passar de um círculo informal para uma mesa de reuniões. A mudança de *setting* pode ser útil mesmo quando se designa um horário específico, depois de algum tempo após o término da sessão.

O interlocutor, no compartilhamento, é o protagonista: é a ele que se dirigem todas as falas. Já no processamento, fala-se com o grupo todo, podendo-se particularizar o endereço ora ao diretor, ora ao protagonista, ora a qualquer elemento em especial. O que é indispensável garantir é a construção coletiva do conhecimento.

Processamento e processo

Até agora, tomamos como pressuposto que se está discutindo o processamento de eventos de teatro espontâneo. Nesse caso, o objeto é o próprio teatro espontâneo. É para compreendê-lo, aperfeiçoá-lo, fazê-lo melhor. E dentro dessa perspectiva é possível também processar em conjunto uma seqüência de sessões.

Mas há uma outra abordagem, que é a utilização dos instrumentos conceituais do teatro espontâneo para compreender um evento qualquer, ainda que não necessariamente sessões de teatro espontâneo, *lato sensu*. Como exemplos dessa hipótese temos o processamento de um congresso, de uma reunião, de um encontro, de um debate.

O pressuposto nesse caso é de que há um processo grupal, em termos de sociodinâmica, de jogo de papéis, de vinculação com a tarefa formal, de papéis e projetos dramáticos e assim por diante, cujo entendimento pode ser facilitado se se utilizam os caminhos de raciocínio sugeridos pela teoria psicodramática.

Para podermos ampliar a compreensão dessas diferentes aplicações do processamento, há que levar em conta as várias maneiras de fazê-lo.

Entretanto, antes de mais nada, é importante descartar a equivalência entre processamento e relatório factual, assim como entre processamento e avaliação.

No caso do relatório factual, é bem verdade que quando pretendemos descrever os fatos tal como aconteceram estamos, a rigor, selecionando e organizando os detalhes de acordo com algum critério, explícito ou não, o que já constitui, em si, uma discussão do ocorrido. Só que, ao fazermos um relatório, apresentamos apenas o produto, sem explicitar os meios adotados. A pretensa imparcialidade do relato é, nesse caso, matriz de confusão e de desencontros — que o digam os secretários que redigem atas.

Por outro lado, a utilização de critérios qualitativos, como o gostar e o não gostar, listar aspectos de um evento por ordem de relevância, destacar pontos significativos, levantar o que deve ser repetido e o que deve ser evitado, assim como todo o repertório de tarefas que incluam algum nível de julgamento do fato que está na berlinda, não deixa de constituir uma forma engenhosa de leitura do fenômeno.

No processamento de que falamos, entretanto, o objetivo não é restabelecer os fatos nem tampouco julgá-los. É muito mais pretensioso do que isso, pois busca compreendê-los mais profundamente.

As formas de processamento

A listagem dos ângulos de abordagem apresentados a seguir não pode e não deve ser tomada nem como exaustiva nem como definitiva; seu mérito pretendido é o de abrir a discussão.

Para proceder a um processamento devemos restabelecer a trajetória do evento em questão, procurando compreender o *sentido* de tudo o que ocorreu. Essa trajetória pode basear-se em alguns critérios de leitura dos fatos, adotados consciente e claramente, desde o início do trabalho, para facilitar o fluxo do raciocínio.

Estabelecemos as possibilidades:

– processar por meio da atuação do diretor;
– processar por meio da atuação dos auxiliares;
– processar por meio da unidade funcional;
– processar por meio do protagonista;
– processar por meio da temática;
– processar por meio da sociodinâmica grupal e
– processar teoricamente.

Em todos esses casos, estamos partindo do pressuposto de que o que está sendo processado é um evento de teatro espontâneo.

A atuação do diretor

Desde o início de um trabalho, o diretor de teatro espontâneo adota procedimentos que respondem à percepção que tem do que está acontecendo no momento.

Constituem tais procedimentos as instruções, o emprego de recursos técnicos, os comentários, as entrevistas com atores e personagens etc.

Suas intervenções visam garantir a consecução dos objetivos do grupo e, em particular, do evento em questão; a trajetória dessas intervenções pode constituir um eixo para a compreensão de tudo o que aconteceu.

Para tanto, deve se identificar em cada passo da sessão considerado:

- a compreensão que o diretor teve da necessidade do momento em que a intervenção foi feita, especialmente os desencadeantes grupais;
- compreensões alternativas dessa necessidade, tanto por parte do restante do grupo quanto até mesmo do próprio diretor;
- em função da necessidade considerada, quais as alternativas de intervenção que ocorreram ao diretor, além da escolhida e os critérios que determinaram a escolha feita;
- outras alternativas levantadas pelos demais membros do grupo e as escolhas que teriam feito se eventualmente estivessem dirigindo;
- as peculiaridades da forma como o diretor fez uso de recursos técnicos universais no âmbito do teatro espontâneo e, mais especificamente, do psicodrama;
- os objetivos da intervenção;
- as conseqüências da intervenção e o surgimento de nova necessidade.

Ficará a compreensão ainda mais rica se se levar em conta a metacomunicação estabelecida entre o diretor e a platéia, entre o diretor e os egos-auxiliares, entre o diretor e o protagonista.

A atuação dos auxiliares

Para esta alternativa de processamento, podem se considerar tanto os auxiliares profissionais, integrantes da unidade funcional, como os que se constituíram *ad hoc*, ou seja, os membros do grupo que participaram da dramatização, seja de moto próprio, seja por solicitação do diretor ou do protagonista.

A discussão tem como parâmetros, em linhas gerais, os mesmos acima mencionados para o processamento por intermédio do diretor.

Isso porque, principalmente no caso de os auxiliares terem eles próprios a iniciativa de ingressar no palco, é importante esclarecer quais as necessidades que foram detectadas e que motivaram a intervenção, quais os objetivos que se propuseram e as conseqüências dessa atuação.

Da mesma maneira que no caso do diretor, vale a pena considerar as hipóteses alternativas que foram levantadas tanto pelo próprio auxiliar quanto pelos demais participantes.

No caso de membros da platéia convocados a participar como atores, pode se investigar como entenderam a tarefa que lhes foi atribuída e

214

como puderam superar um eventual desaquecimento, se não estavam preparados para entrar naquele papel, naquele momento.

Da mesma forma, quando o papel atribuído não é considerado pelo próprio auxiliar como um papel "bem desenvolvido", quais os recursos utilizados, em benefício do projeto dramático global, para superar essa "deficiência".

Mas o principal benefício da discussão da sessão via participação dos auxiliares advém da compreensão das estruturas papel-contrapapel, evidenciadas na interação entre o personagem protagônico e os demais personagens. Ou seja, há complementaridades que não se materializam e outras que, pelo contrário, "pegam" e acabam definindo os rumos da dramatização.

Há um aspecto do processamento por intermédio dos auxiliares, válido também para o processamento via diretor, que é a aprendizagem a partir de "erros"[2] cometidos.

Não adianta querer tapar o sol com a peneira: é comum em processamentos que se levantem restrições à atuação tanto do diretor como dos auxiliares.

As restrições costumam referir-se, com certa freqüência, além de procedimentos tidos como equivocados, ao próprio estilo de atuação do profissional (direção permissiva ou restritiva, auxiliar que superatua ou fica amarrado às instruções restritas do diretor etc.).

A discussão dessas restrições é altamente pedagógica, na medida em que cria oportunidade para um aprofundamento do conhecimento tanto das técnicas clássicas quanto dos macetes que vão sendo incorporados ao cotidiano do teatrólogo espontâneo.

Enfocando a unidade funcional

Esse processamento só é possível quando a direção do evento está a cargo de uma equipe, ainda que seja composta de apenas duas pessoas, o diretor e um auxiliar.

---

2. Em nossa concepção, não há, a rigor, erros. A categorização em certo e errado pode comprometer, liminarmente, o processo criativo. O que há é uma experiência acumulada que indica caminhos mais fáceis e mais eficientes para se chegar a determinados objetivos. Por essa perspectiva, há procedimentos que dão mais ou menos certo, e é nessa avaliação que se podem encontrar os mais e os menos desejáveis.

É possível, nesse caso, verificar, primeiro, quais os passos preliminares que foram adotados pela equipe, antes do início da sessão: como se aqueceram, o que imaginaram que poderiam fazer, como definiram a distribuição de papéis entre si, as formas de comunicação e assim por diante.

Em seguida, pode-se indagar o quanto desses detalhes discutidos previamente se confirmou na prática da sessão, as dificuldades que encontraram e suas prováveis explicações.

Pode-se avaliar as intervenções que foram feitas, no sentido de tornar claro o quanto elas representaram a concretização de desejos e diretrizes isoladas do membro da equipe que as realizou e, por outro lado, o quanto elas foram consistentes com os propósitos da equipe como um todo.

As divergências de orientação eventualmente constatadas devem ser objeto de exame, para ampliar a compreensão das mesmas e do impacto que podem ter causado no andamento dos trabalhos. Os aspectos comunicacionais, principalmente, devem merecer atenção nesse momento.

É a oportunidade de tentar rascunhar novos parâmetros de relacionamento entre os membros da equipe, como forma de incrementar o acervo técnico da gestão dos eventos de teatro espontâneo e melhorar o desempenho futuro.

A participação do grupo todo nessa discussão é uma excelente oportunidade de aprendizado para ambas as partes, a equipe técnica e os outros integrantes do grupo, pelos esclarecimentos que podem ser obtidos na análise conjunta das intenções explícitas e implícitas que nortearam as intervenções técnicas e a forma como foram recebidas pelo outro lado.

Processar via protagonista

Sendo este tipo de processamento um dos mais usados, é o que melhor permite evidenciar as diferentes linhas teóricas dentro do psicodrama.

É relativa a esse enfoque a pergunta que se costuma ouvir com certa regularidade: "Você processa pelo núcleo do eu, pela matriz, pela psicanálise ou pela sociometria?".

Em qualquer das orientações, entretanto, o que se pretende é compreender o evento psicodramático como tal, tomando-se o protagonista como eixo e fazendo-se, no momento oportuno, as devidas extrapolações.

Para reconstituir a trajetória do protagonista é preciso buscá-lo não apenas no momento da dramatização, mas em todos os aspectos de sua participação no grupo, desde o início dos trabalhos.

Para alguns psicodramatistas, esse início se dá quando o diretor abre oficialmente a sessão; para outros, retrocede até mesmo ao contexto social, correlacionando-se o que aconteceu fora da sala com o que veio a ocorrer dentro dela.

A seqüência dos fatos é extremamente relevante, devendo-se atentar, cuidadosamente, para as articulações entre a conduta do protagonista nas três fases protagônicas (pré-emergente, emergente e protagonista) e a dos demais membros do grupo, tanto nas manifestações verbais quanto nas outras formas de comunicação.

A análise do que aconteceu com o protagonista em cena permite compreender não apenas o comportamento dito individual ou "intrapsíquico",[3] mas principalmente as correlações entre sua atuação como ator, no contexto dramático, e os fatos correspondentes nos contextos grupal e social.

Para que se alcance essa compreensão, é indispensável que se leve em conta a linguagem da dramatização como analógica e não digital, ou seja, que a estrutura da cena e das interações entre os diferentes personagens é capaz de retratar o que ocorre nas relações do protagonista em seu átomo social.

E na medida em que o protagonista representa o grupo, essas estruturas refletem também as relações que ocorrem no interior deste.

O tema como foco

O tema pode ser predeterminado ou surgir durante o trabalho, qualquer que seja a natureza deste, o que faz muita diferença ao fazermos o processamento.

No caso do tema predeterminado, devemos estar atentos à maneira como o grupo apropriou-se dele, uma vez que não basta uma divulgação prévia, nem que os líderes estejam preocupados, tampouco que o conteúdo explícito a ele se refira.

Há uma trajetória a ser percorrida, desde o aquecimento (ainda que não formalizado tecnicamente, como ocorre na maioria das sessões de teatro espontâneo), passando pela discussão do tema — verbal ou dramática — e caminhando na direção de um fechamento, que implica ou não conclusões.

---

3. As aspas, aqui, apontam para a imprecisão do termo.

Tratando-se de tema emergente, a situação pode afigurar-se como ainda mais complexa, pois ganha relevância identificar como é que ele surgiu e como se impôs.

Há, pois, que se verificar como o tema em si foi sendo desenvolvido: um estado inicial caótico, um clareamento gradativo de conceitos, o surgimento das divergências, as informações transformadoras e quantos outros fenômenos que permitem traçar a trajetória do conhecimento adquirido.

Outro ângulo privilegiado de observação é a relação do grupo com o tema, o que inclui, necessariamente, um mapeamento sociométrico das relações no grupo, tanto quanto às forças de atração e repulsão quanto aos fenômenos da metacomunicação.

Temos aí delineadas duas vertentes — tema propriamente dito e as relações interpessoais a pretexto do tema: o processamento pode ser valioso se se consegue combinar as duas.

A sociodinâmica

Finalmente, um outro aspecto que pode ser considerado é como funcionou o grupo, em termos sociodinâmicos.

Talvez seja redundante falar desse enfoque, uma vez que todos os anteriores, de alguma forma, conduzem a apreciações dessa ordem.

Mas há algumas especificidades que podem ser consideradas, ainda que não constituam um jeito de ver que exclua os demais ou não possa estar com eles combinados.

Uma dessas especificidades são as configurações sociométricas: um olhar cuidadoso sobre o grupo pode demonstrar que, ao longo de um trabalho, as forças de atração e repulsão vão se organizando de maneira diferente.

No início, com certeza há uma dispersividade maior, formando-se núcleos isolados entre si, catalisados por critérios que se poderia considerar até mesmo casuais.

Na medida em que se vai procedendo ao aquecimento, essas forças vão se reorganizando, novos critérios entram em jogo, propiciando uma diminuição no número de núcleos em aparente isolamento.

E esse processo continua o tempo todo, inclusive em relação ao protagonista — a estrela do momento —, com quem se observam flutuações nas escolhas, tanto com relação à valência quanto à intensidade.

Outro enfoque, ainda dentro da perspectiva sociodinâmica, é a articulação entre os contextos dramático, grupal e social.

218

A hipótese de trabalho do teatro espontâneo é que o que acontece no contexto grupal se reflete na escolha do protagonista e que o que este apresenta em sua encenação revela o que vai com o grupo.

É evidente que não se trata aqui de uma somatória, ou seja, que cada um dos membros do grupo apresenta o mesmo sentimento ou o mesmo conflito; o que ocorre é que o grupo como um todo vive determinado conflito (embora nem todos tenham consciência disso e os sentimentos individuais apresentem variações infinitas), e é esse conflito que é, analogicamente, descrito pela cena.

Só que a hipótese psicodramática vai mais longe, porque entende que o que ocorre no grupo apenas reflete o que anda pelo contexto social. Esse entendimento "holográfico" pode ser objeto de reflexão conjunta por ocasião do processamento, buscando-se obter uma visão racional dessas articulações.

A multiplicidade de facetas da sociodinâmica permite, ainda, observar o processo do grupo pelo ângulo dos papéis.

É desnecessário frisar que não se trata, neste caso, só dos papéis formais, embora uma discussão até mesmo possa começar por eles: como evoluiu, desde o início da sessão (ou do evento) a articulação entre os diferentes papéis relativos ao projeto explícito: no caso do psicodrama, entre os profissionais da equipe, entre diretor e protagonista, entre este e os demais participantes etc.

Paralelamente a esses papéis, existem outros não-oficiais, informais, que dão conta da dinâmica íntima do grupo, e que podem ser evidenciados e discutidos, chegando, em muitos casos, a ser mais relevante entender este tipo de trama: o subtexto pode ser mais importante do que o próprio texto.

Finalmente, pode se lançar sobre a vida do grupo uma visão histórica, captando seus movimentos macro, que abrangem períodos mais amplos, procurando entendê-los de tal forma que o momento atual adquira um sentido, difícil de ser percebido quando não se ampliam os horizontes da reflexão. Neste caso, uma discussão que inclua uma seqüência de sessões, por exemplo, pode ser mais rica do que a análise de uma única sessão.

Esse tipo de processamento sociodinâmico responde a uma tendência que se verifica no mundo de hoje, que é a busca da visão holística (não confundir com mística), que entre outras coisas pondera que o exame focal de uma única fração da realidade pode redundar em graves equívocos, uma vez que a realidade constitui um todo de tal forma articulado que o sentido de uma parte só pode ser apreendido quando se leva o todo em consideração, da mesma forma que a extrapolação do sentido de uma parte pode iluminar o sentido do todo.

Processamento teórico

O processamento teórico consiste na discussão da sessão sob o ângulo das abstrações passíveis de serem feitas com base nos acontecimentos.

Uma das possibilidades é identificar fenômenos cuja descrição faz parte do acervo teórico já registrado na bibliografia psicodramática. É evidente que essa tentativa enseja uma discussão mais aprofundada em torno dos conceitos já consagrados e das acepções em que são referidos, possibilitando um clareamento maior do seu significado.

A disciplina do pensamento, a busca da congruência, o respeito aos parâmetros epistemológicos, a precisão conceitual são aspectos do fazer teórico que podem ser exercitados pelos participantes do debate. Esse debate possibilita, por outro lado, o exercício de construção da própria teoria. Podem ser identificadas algumas discriminações ainda não codificadas, fenômenos ainda não batizados, imprecisões que poderiam ser corrigidas, generalizações e particularizações, correlações e assim por diante.

Esse esforço é particularmente saudável porque permite constatar, na prática, o que significa fazer teoria, para muitos um bicho de sete cabeças que só as mentes privilegiadas conseguem domar. Permite verificar empiricamente o que é fazer uma reflexão sobre a prática e por que isso é o mesmo que teorizar.

Por outro lado, serve para desmistificar também o sentido da teoria já estabelecida, como se fosse um sistema de verdades imutáveis que, quanto mais respostas convincentes forneça, mais digno de crédito. A reverência pelo já escrito e conservado deve ceder lugar à ousadia de pensar com a própria cabeça.

Possibilita, ainda, abrir os horizontes para estabelecer as conexões do sistema teórico do psicodrama com os outros sistemas que tentam organizar os fatos que se situam na fronteira entre o território delimitado pelo teatro espontâneo e os delimitados por outras propostas de intervenção, investigação e mudança.

A decantada dissociação entre teoria e prática também poderia ser superada, na medida em que o pensar sobre a prática permita estabelecer algumas formulações generalizatórias que poderiam servir como guia para a compreensão de outros eventos, em outras situações.

220

Conclusão

Esse panorama das múltiplas possibilidades de processamento tem como limite a experiência profissional na qual se baseia, restrita ao espaço onde o autor circula, às suas vinculações sociométricas, ao que sabe, pode e quer fazer, ao que a sua mente consegue alcançar. É indiscutível que a experiência de outros colegas, seja ela pouco ou muito diferente da sua, pode acrescentar muita coisa interessante e relevante a esse quadro, enriquecendo-o e ampliando-o.

Além disso, como o processamento também pode ser entendido como o restabelecer a trajetória de qualquer evento que não uma sessão de teatro espontâneo, utilizando como instrumento conceitual a teoria do teatro espontâneo, haveria necessidade de adequar os caminhos acima descritos para que sejam aplicáveis a essa nova situação. Essa tarefa fica em aberto, para ser feita em outra ocasião e para estimular as reflexões do leitor.

www.gruposummus.com.br

IMPRESSO NA
sumago gráfica editorial ltda
rua itauna, 789   vila maria
02111-031   são paulo   sp
tel e fax 11 2955 5636
sumago@sumago.com.br